经济学论丛

产权视角下的
企业创新绩效分析

ANALYSIS ON ENTERPRISES' CREATIVE PERFORMANCE
UNDER THE PERSPECTIVE OF PROPERTY RIGHTS

高 歌 ◎著

图书在版编目(CIP)数据

产权视角下的企业创新绩效分析/高歌著. —北京:北京大学出版社,2016.7
(经济学论丛)
ISBN 978 – 7 – 301 – 26898 – 8

Ⅰ. ①产… Ⅱ. ①高… Ⅲ. ①国有企业—企业绩效—研究—中国
Ⅳ. ①F279.241

中国版本图书馆 CIP 数据核字(2016)第 027815 号

书　　　名	产权视角下的企业创新绩效分析 CHANQUAN SHIJIAO XIA DE QIYE CHUANGXIN JIXIAO FENXI
著作责任者	高　歌　著
责 任 编 辑	周　玮
标 准 书 号	ISBN 978 – 7 – 301 – 26898 – 8
出 版 发 行	北京大学出版社
地　　　址	北京市海淀区成府路 205 号　100871
网　　　址	http://www.pup.cn
电 子 信 箱	em@pup.cn　　QQ:552063295
新 浪 微 博	@北京大学出版社　@北京大学出版社经管图书
电　　　话	邮购部 62752015　发行部 62750672　编辑部 62752926
印 刷 者	北京宏伟双华印刷有限公司
经 销 者	新华书店
	730 毫米×1020 毫米　16 开本　11.25 印张　96 千字 2016 年 7 月第 1 版　2016 年 7 月第 1 次印刷
定　　　价	38.00 元

未经许可,不得以任何方式复制或抄袭本书之部分或全部内容。
版权所有,侵权必究
举报电话:010 – 62752024　电子信箱:fd@pup.pku.edu.cn
图书如有印装质量问题,请与出版部联系,电话:010 – 62756370

序

创新是人类活力的源泉。在全球综合国力竞争中,实现由要素驱动发展向创新驱动发展的战略转型,是我国加快转变经济发展方式、解决经济发展深层次矛盾和问题、增强经济发展内生动力和活力的有效措施。

企业作为创新的主体,将发挥重要作用。通过检索和梳理已有关于企业创新理论的研究成果,本书发现目前对于企业创新绩效的实证研究大致存在以下几个特点:一是已有研究较少涉及企业全要素创新效率的测算,且应用主要集中于行业或区域层面;二是已有研究往往将关注的重点集中于企业规模、市场力量、技术机会等非制度因素对于企业创新行为的影响,较少关注不同产权性质企业之间创新绩效的差异;三是已有研究通常将企业的创新过程看作一个多投入、多产出的"黑箱",较少关注企业在创新活动的不同阶段中效率值的变化;四是已有研究较少针对国有企业,特别是就国有企业改革以来,国有企业创新绩效的变化进行分析。

基于上述原因,本书选择企业作为研究主体,从学术角度,重

产权视角下的企业创新绩效分析

点对产权视角下企业的创新绩效进行一定的补充性研究。主要内容大致可分为以下三个部分：

首先，本书以全要素创新效率表征企业的创新绩效，重点分析不同产权性质企业之间创新绩效的差异。研究发现，不同产权性质企业之间，创新绩效的差异较为显著；同时，通过将企业的创新绩效按创新阶段进行分解，可以发现不同产权性质企业的创新绩效存在差异的原因也各有不同。

其次，本书分析了产权视角下企业创新绩效的影响因素。结果显示，对于不同产权性质的企业而言，非制度因素对其创新绩效的影响方式和程度相似，但是在剔除非制度因素的影响后，产权制度安排会对企业的创新绩效产生显著影响。

最后，针对我国企业的产权主体普遍具有超经济性质、产权结构单一的特点，本书以我国国有企业为例，重点关注产权多元化对于企业创新绩效的影响。结论认为，对于我国国有企业而言，产权多元化是提升企业创新绩效的有效途径之一。从制度方面，通过引入不同产权性质的股本，国有企业优化了自身产权结构，实现了不同产权性质的股本之间的相互制约与平衡，从而能够监督企业经济行为，有效提升国有企业的创新活力和综合竞争力；从技术方面，产权多元化有利于国有企业明晰自身的产权界区，提高自身技术创新和经营管理效率。建立健全国有资产管理体制,对单位企业而言,国有资本在产权多元化结构中的比重有所下降,但从整体来看,国有资本总量有效增长,最终实现国有资本的保值增值。推进企业产权多元化改革,将在提高国有企业创新绩效活力和国有经济整体竞争力,增强国有经济控制力、影响力的同时促进国有经济与其他所有制经济共同繁荣,实现我国经济社会全面协调可持续发展。

高 歌

2015 年 12 月

第1章 导论 /1
- 1.1 研究背景 /1
- 1.2 研究方法 /6
- 1.3 主要贡献 /7
- 1.4 结构安排 /10

第2章 相关文献回顾 /12
- 2.1 引言 /12
- 2.2 产权理论 /13
- 2.3 创新理论 /21
- 2.4 产权视角下企业创新绩效研究 /51
- 2.5 总结与简评 /54

第3章 产权视角下企业创新绩效的测算与比较 /56
- 3.1 引言 /56
- 3.2 企业创新绩效的测算方法与指标构建 /57
- 3.3 相关数据说明 /66
- 3.4 测算结果的解释说明 /71
- 3.5 结论 /82

第4章 产权视角下企业创新绩效的影响因素分析 /84

4.1 引 言 /84
4.2 模型的构建及数据说明 /85
4.3 产权结构差异对企业创新绩效的影响 /97
4.4 产权背景下企业创新绩效的影响因素分析 /104
4.5 结 论 /108

第5章 产权多元化对企业创新绩效的影响
——以国有企业为例 /111

5.1 引 言 /111
5.2 模型的构建 /113
5.3 数据说明与统计性描述 /119
5.4 国有企业产权多元化对企业创新绩效的影响 /122
5.5 英国和德国国有企业改革的启示 /127
5.6 结 论 /133

第6章 结论与建议 /135

6.1 结 论 /135
6.2 政策建议 /139
6.3 不足与展望 /142

参考书目 /144

第1章 导 论

本书所谓企业的创新绩效(Innovation Performance),是指企业创新过程的全要素效率(Total Factor Innovation Efficiency),是将效率测算方法引入企业创新理论,有利于企业创新评价体系的进一步完善;产权背景(Property Rights)则重点关注企业产权性质的差异对企业创新绩效的影响,是将企业产权理论与创新理论进行结合,有别于西方学者在企业创新理论研究中对企业非制度影响因素的重点关注,有利于针对我国现实国情,探讨我国企业特别是国有企业提高创新绩效的有效途径。

1.1 研究背景

改革开放以来,中国经济保持持续快速增长。2010年,我国名义国内生产总值(GDP)达到5.8亿美元,经济规模超过日本,上升至世界第二位。可以预见,伴随综合国力的进一步提升,我国将在世界经济体系中扮演越来越重要的角色。

但与此同时,我国经济的增长模式却引起部分担忧。根据经济增长理论,经济增长的源泉主要来自两个方面:资源的投入数量和资源的使用效率。作为世界上最大的发展中国家,主要依靠投入的增加所获得的经济增长不可能长期维系,我国高投入、高耗能、高污染的粗放型经济增长方式亟待转变。

创新正是我国实现这一转变的关键。2006 年 1 月,全国科学技术大会宣布了我国未来 15 年科技发展的目标,即"2020 年把我国建成创新型国家,使科技发展成为经济社会发展的有力支撑"。① 同时,《国家中长期科学和技术发展规划纲要(2006—2020年)》指出:"我国科技工作的目标是要构建以政府为主导、充分发挥市场配置资源的基础性作用、各类科技创新主体紧密联系和有

---

① 创新型国家是指那些将科技创新作为基本战略,大幅度提高科技创新能力,形成日益强大竞争优势的国家。一般认为,创新型国家应具备以下四个特征:一是创新投入高,国家的研发投入即 R&D(研究与开发)支出占 GDP 的比例一般在 2% 以上;二是科技进步贡献率达 70% 以上;三是自主创新能力强,国家的对外技术依存度指标通常在 30% 以下;四是创新产出高。目前,世界上公认的创新型国家有 20 个左右,包括美国、日本、芬兰、韩国等,这些国家所拥有的发明专利数量占全世界总数的 99%(刘云和孙岚,2006)。与上述国家相比,我国在创新方面的差距依然较大。

效互动的国家科技创新体系。"2012年9月,中共中央、国务院进一步印发了《关于深化科技体制改革加快国家创新体系建设的意见》,提出要"充分认识深化科技体制改革、加快国家创新体系建设的重要性和紧迫性;深化科技体制改革,加快国家创新体系建设;强化企业技术创新主体地位,促进科技与经济紧密结合;加强统筹部署和协同创新,提高创新体系整体效能;改革科技管理体制,促进管理科学化和资源高效利用;完善人才发展机制,激发科技人员的积极性和创造性;营造良好环境,为科技创新提供有力保障"。党的十八大报告同样指出:"科技创新是提高社会生产力和综合国力的战略支撑,必须摆在国家发展全局的核心位置。要坚持走中国特色自主创新道路,以全球视野谋划和推动创新,提高原始创新、集成创新和引进消化吸收再创新能力,更加注重协同创新。"由此可见,"实现创新驱动战略,加快从要素驱动发展为主向创新驱动发展转变"已赢得我国政府的高度重视和全社会的广泛认可。

在这一转变过程中,企业将起到十分重要的作用。一方面,企业作为构建国家科技创新体系的主体,是我国实现科技自主创新、建设创新型社会、缓解经济下行压力的重要力量。另一方面,创新也关乎企业自身的生存与发展。特别是在经济飞速发展、科技日新月异的今天,科技创新的数量与质量已成为决定企业能否在激烈的国际市场竞争中站稳脚跟的关键因素。"企业想要立足于全球价值链的高端,不至于成为一个单纯的加工者,就必须走自主创新之路"(厉以宁,2012)。因此,鼓励并支持企业进行自主创新,提高企业原始创新、集成创新和引进消化吸收再创新能力,加强企业内部、企业之间、企业与科研单位之间的协同创新,无论是对正处于转轨阶段的中国经济,还是对正处于转型发展阶段的中国企业而言,均具有积极的现实意义。

但是,"没有合适的制度条件,企业的创新活动也无从谈起"(厉以宁,2012)①。特别是在我国,国有企业和私营企业的产权主体普遍具有超经济性质(刘伟,2000),企业产权制度改革等基础性创新的实现,不仅关乎企业的改革与发展,也关乎企业技术创新成果的有效实现。正如厉以宁(2012)指出的:"没有合适的制度条件,既不能有突破性的创意,也不可能有重大的创新,所以制度条件是不可缺少的,这可以从以下五个方面来分析:第一,要有一个有市场主体投资次等的体制;第二,要有一个公平竞争的市场环境;第三,要有一套政府在税收、信贷、奖励方面帮助创新者的优惠

---

① 姚洋(2012)同样认为"中国奇迹"的动力来自体制创新。

政策;第四,要有一套严格的知识产权保护制度;第五,要有一套激励创新者的机制,包括企业内部的产权分享制度。"党的十八大报告则进一步从政策层面阐述了体制改革与科技创新的关系,指出:"要深化科技体制改革,推动科技和经济紧密结合,加快建设国家创新体系,着力构建以企业为主体、市场为导向、产学研相结合的技术创新体系,深化改革是加快转变经济发展方式的关键。"

然而,目前学界关于企业创新的实证研究大多是在西方学者研究成果的基础上进行的。"西方发达国家通常具有明晰的产权制度安排、成熟的市场经济制度和完善的法治环境,学者们只需关注企业规模、市场力量、技术机会等非制度因素对企业创新行为的影响"(吴延兵,2007)。但对正处于经济转型期的中国而言,其产权制度尚不完善、市场经济尚不成熟,加之国有企业、民营企业等市场参与主体均具有超经济性质,制度因素特别是企业的产权结构会对企业的创新行为产生更为深远的影响。因此,在当今我国社会主义市场经济体制不断完善、经济体制改革不断深化的背景下,将产权结构变量引入企业创新的分析框架,探讨不同性质的产权制度安排对企业创新活动的影响,分析产权背景下企业创新绩效的影响因素,并进一步研究产权多元化对于企业创新绩效的影响,能够为构建社会主义市场经济体制的宏观设计和微观实施、实现宏观设计和微观实施之间的良性互动提供一定程度的参考。

1.2 研究方法

本书以实证分析为主,主要采用以下几种研究方法:

(1)文献分析法。相对于其他研究领域而言,目前在产权背景下对于企业创新绩效的实证研究仍较为稀缺。本书借鉴了国内外学者关于创新理论、产权理论和效率理论的研究方法与优秀成果,在对相关文献进行大量检索与系统梳理的基础上,将产权理论、创新理论、生产率与效率测算、计量回归分析等方法纳入企业创新绩效的统一分析框架。

(2)数据包络线分析法。在评价不同生产决策单元的生产率与效率时,现有文献大多采用非参数法或参数法。前者是利用实际样本点估计全部生产决策单元的相对生产前沿曲线,并以实际样本点同前沿曲线之间的相对距离表征各生产决策单元的效率;后者则是人为设定生产函数形式,通过计算对生产决策单元的效率值进行估算。基于样本特征,本书采用非参数法中较为常用的数据包络线分析方法,对企业创新过程的全要素效率进行了测算。

(3)面板数据 Tobit 模型。面板数据模型由于其众多优点,在经济分析中得到了较为广泛的应用。同时,考虑到企业创新效率值的截断性特征,本书利用面板数据 Tobit 模型,重点考察产权结构的差异对企业创新绩效的影响、产权背景下企业创新绩效的影响因素以及企业产权多元化对于国有企业创新绩效的影响。

1.3 主要贡献

本书在现有文献关于企业创新的研究成果基础上,对创新理论、效率理论、产权理论加以融合,在产权背景下对企业的创新绩效进行了测算与分析。主要贡献在于:

(1)现有研究广泛地采用企业的创新能力或创新动力等单项指标表征企业的创新绩效。本书对企业创新绩效的评价指标进行了一定的拓展,将全要素效率的测算方法引入企业创新理论,以全要素创新效率表征企业的创新绩效,进一步完善了企业创新评价体系的构建。

(2) 现有研究通常将企业的创新过程看成是一个多投入、多产出的"黑箱"(吕一博和苏敬勤,2009),较少深究企业创新过程的具体环节。正如 Schumpeter(1934)所言:"创新与发明和试验有所不同,后两者是一种技术行为,是一种新知识、新理论的创造和生产;而前者则是一种经济行为,是将新的知识有效转化为实际生产力,是发现新的执行方案从而实现要素新组合的发现和创造。"因此,对于企业创新能力的评价不能仅局限于自主创新成果的多少,还应关注企业创新成果转化能力的强弱。本书借鉴 Guan 和 Chen(2012)对于国家创新体系的阶段划分原则,将企业的创新过程划分为知识创造和知识商品化两个阶段,利用数据包络线分析方法测算企业在各创新阶段的全要素效率,探讨不同产权性质企业在创新活动的两个阶段中创新绩效的差异。

(3) 针对我国正处于经济转型期的特殊国情,本书着重比较了不同性质的产权制度安排对于企业创新绩效的影响。与以往的研究相比,产权视角下的企业创新绩效分析有利于我们在制度层面分析我国企业在创新过程中存在的问题,便于企业从微观层面发掘自身产权制度安排的不足,同时也为政府及相关政策制定部门从宏观层面做出决策提供了一定的参考。

（4）现有研究大多是在西方学者的研究成果基础上进行的，西方学者更为关注企业规模、市场力量、技术机会等非制度因素对企业创新行为的影响。本书基于中国特殊国情，将产权结构变量引入企业创新理论的分析框架，探讨不同性质的产权制度安排对企业创新活动的影响，分析产权背景下企业创新行为的影响因素，为有效提升不同产权性质企业的创新绩效提供了参考。

（5）本书以国有企业为例，证实优化企业产权结构、实现企业产权多元化是提升企业创新绩效的有效途径之一，同时也是实现国有资产保值增值的重要保障。正如刘小玄（2005）所言："在我国，改制企业比未改制企业效率更高，国有企业产权的某些量的变化，实现了企业改制后的质变，从而使得国有企业效率显著提升，财富创造显著增强。总体上讲，尽管国有资本比重有所下降，但最终实现了国有资产的保值增值目标。"此外，对于同样具有超经济性质的我国私营企业而言，本书的结论同样具有一定的借鉴意义。

产权视角下的企业创新绩效分析

1.4 结构安排

本书共分为6章,具体章节安排如下:

第1章为导论。介绍了本书的选题背景、研究方法、主要贡献以及结构安排。

第2章为相关文献回顾。对产权理论、创新理论以及产权视角下企业创新绩效研究的相关文献进行了广泛的检索与细致的梳理,为后续的实证研究奠定理论基础。

第3章为产权视角下企业创新绩效的测算与比较。将企业的创新过程划分为知识创造和知识商品化两个阶段,以知识创造效率与知识商品化效率共同表征企业的创新绩效。同时,针对我国正处于经济转型期的特殊国情,着重比较了不同性质的产权制度安排对于企业创新绩效的影响。

第4章为产权视角下企业创新绩效的影响因素分析。基于我国规模以上工业企业生产与创新的面板数据,在控制非制度因素对于创新绩效影响的前提下,着重探讨产权制度安排对于企业创新绩效的影响,并进一步分析不同产权结构企业中创新绩效影响因素的差异。

第5章以国有企业为例,分析产权多元化对企业创新绩效的影响。基于中国规模以上国有工业企业生产与创新的面板数据,从理论层面分析了国有企业产权多元化对于企业创新绩效的作用方式和影响程度。

第6章为本书的结论。总结了本书的主要结论、政策建议,并对今后的进一步研究进行了展望。

第 2 章 相关文献回顾

2.1 引　　言

产权理论与创新理论于 20 世纪初由西方学者首次提出,经过一个世纪的发展与完善,经济理论与社会生产的结合愈发紧密。在我国,为适应经济体制改革的需要,对于企业产权理论的探讨首先引起了学界的关注。20 世纪 80 年代以来,学者的广泛参与使得产权理论研究在我国取得了较为丰硕的成果,也为此后经济政策的制定与实施提供了较为坚实的理论依据。近年来,伴随科技创新被逐步纳入国家整体发展规划,关于国家创新体系建设、企业自主创新能力提升等方面的研究成果开始逐渐增多。对现有的理论观点、研究方法与研究成果进行广泛的检索与系统的梳理,不仅有利于我们对企业产权结构安排与企业创新行为之间的关系形成更为清楚的认识,也可为本书后续的实证研究提供相应的理论依据。

2.2 产权理论

2.2.1 产权的基本定义

"产权不仅是法学的基本范畴之一,也是经济学的基本范畴之一,具有客观性、排他性、可分性、可交易性、法律性以及收益性六种属性"(岳福斌,2007)。正如阿尔钦所言,"产权(Property Rights)是多种权利的总称,是一种通过社会强制实现的对某种经济物品的多种用途进行选择的权利"(《新帕尔格雷夫经济学大辞典》,1996)。"按不同的划分标准,产权可以有以下几种分类:一是按存在的形态,产权可以划分为物权、债权、股权和知识产权;二是按权能,产权可以划分为所有权、占有权、使用权、收益权和处置权;三是按所有制的性质,产权可以划分为私有产权和共有产权"(岳福斌,2007)。

其实,自产权理论提出至今,关于产权的定义在学界一直未形成统一的观点。关于学界对于产权定义的分歧,刘伟和李风圣(1997)已给出详尽的归纳与分析,本书不再加以赘述。尽管如此,刘伟(2000)也提到:"尽管产权概念的具体内容十分丰富,但至少在以下几个方面是十分明确的:一是产权作为财产的权利属于上层建筑,属于权利的范畴;二是产权作为财产权,其内涵是包括各种财产权利在内的权利束;三是产权作为财产权利,作为有别于所有权的范畴,其存在的根本意义和制度前提是市场经济。"

2.2.2 现代产权理论的产生与发展

在传统的主流经济学中,企业常常被视为一个无须描述的"黑箱"。尽管部分西方学者很早就开始关注在经济模型设定时,由于忽略企业的产权问题所带来的弊端和困扰,但直至科斯的《企业的性质》(The Nature of the Firm)一文发表,提出"交易成本"(Transaction Costs)和"产权"(Property Rights)这两个重要概念,并将它们结合起来用于经济组织和制度的分析后,产权理论才逐渐引起学界的关注和讨论,现代产权理论得以不断发展和完善。在《企业的性质》一文中科斯提出,"交易成本实质上是社会生产运用价格机制的成本,这包括发现贴切价格的成本以及谈判与履约的成本,而企业的一定规模以及企业和市场同时并存的现状则是交易成本最小化的结果"(科斯,1990)。随后,在其 1962 年发表的《社会成本问题》(The Problem of Social Cost)一文中,科斯将交易成本的概念进一步进行了拓展,认为"只要交易界区明晰,交易成本就不存在,而在此条件下市场机制就可以充分有效地发挥作用,外在性问题就能够得到有效的解决"(科斯,1990)。后来,科斯的核心观点经科斯的学生威廉姆森、张五常,以及科斯的批评者如布坎南等人的概括,形成广为周知的"科斯定理"(Coase Theory),即"如果交易成本等于零,则定义明晰的所有权关系的自愿交易,就是资源配置有效性的充分条件"(平新乔和刘伟,1988)。

科斯之后,西方现代产权理论得到了进一步的发展,这其中以四个学派的观点最具代表性,分别是交易成本学派、公共选择学派、自由竞争学派和所有权学派(刘伟和平新乔,1988;刘伟和李风圣,1998)。此外,不可忽视的是马克思关于产权的基本阐释,它也是当代我国企业尤其是国有企业改革的重要理论基础。马克思"从其所面临的时代历史性质的产权形态出发,对所有权进行了考察,他认为产权等同于所有权,是属于上层建筑法权性质的权利,是指排他性的可交易的资本属性的权利,是动态的生产关系在生产全过程中存在的权利,是广义的包含一系列关于资产权利在内的权利束"(刘伟和李风圣,1997)。

2.2.3　产权理论在中国的讨论和实践

(一) 产权理论在中国的讨论

我国对于产权理论的讨论始于20世纪80年代,基于对产权理论的不同理解以及对中国企业改革认识上的分歧,我国学者对于产权问题多有争论。一是关于产权定义的讨论,尤其是产权是否等价于所有权(杨秋宝,1999;樊纲,1993);二是对于产权范畴的讨论,尤其是产权与法人产权(谷书堂,2001)、企业产权(张维迎,1996;刘汉民,2002)、企业经济权(黄少安,1992;吴易风,1995)、所有制(林兆木和范恒山,2003)之间的关联;三是关于产权制度的概念界定(胡峰,2002);四是有关产权制度与企业效率、收益之间关联的探讨(刘世锦,1991;冯巨章,2003);五是对于共有产权与市场经济兼容性的争论(刘芍佳和李骥,1998;刘元春,2001);六是关于产权制度改革的方向与路径(林毅夫等,1997;董辅礽,1999;厉以宁,2004)。

基于产权理论观点的差异,产权的现实改革路径同样争议不断。刘伟和李风圣(1997)对此做出了总结,认为:"争议在于中国企业产权改革是否意味着所有权的根本改变。大部分中国学者将中国关于企业制度方面的改革视为企业产权制度的变化,他们把产权等同于所有权,把有关企业的承包、租赁、划小核算单位等方式与企业资产的出售、合资、股份化等一并统统划入企业产权变革范围,认为这些形式都涉及企业财产权利,所以均构成所有权的变革;另一类观点是将所有权与产权在概念上区分开来,认为产权的内涵是指给定财产的占有权、使用权、收益权和转让权,而企业所有权指的是对企业的剩余索取权和剩余控制权。"

(二) 产权理论在中国的实践

在产权理论的中国实践中,人们特别关注国有企业产权制度的改革,大部分学者认为产权改革是我国国有企业的必由之路。张维迎和马捷(1999)认为,国有企业是所有权与经营权分离的企业,解决国有企业的"内耗"问题,必须从改革产权制度入手;刘伟(2000)同样认为,国有企业改革的根本出路就是所有制改革,企业改制将对就业、企业长期投资产生积极的影响。进一步,学者对国有产权制度改革的途径和效果进行了分析。如赵世勇和陈其广(2007)认为,并不是所有的产权改革模式都对企业的效率存在显著的正效应,只有经营者个人控股或收购、管理层集体持股或收购以及与外商合资或被外商收购三种模式会对企业的技术效率产生积极的促进作用。周学(1997)则从另一个角度分析了我国股份制改革成效不显著的原因,认为出现这种结果的原因在于改制后的企业缺乏三个必备要素：一是要成为一个独立核算、自负盈亏的经济主体；二是要建立起强有力的利益制约机制；三是经营者必须掌握足够的经营管理权力。而韩朝华(2003)更是尖锐地指出,我国要进一步深化国有企业改革,就必须约束行政权力、规范政府行为,必须在国有企业的行政性层面进行有效创新。

实际操作中,自改革开放以来,我国国有企业改革逐步加快(见表2.1),并逐渐由分配关系的改革深入到产权制度的改革(刘伟,2000)。经过三十多年的改革,我国国有企业呈现出一些新的特点：一是经济结构中国有经济的比重持续下降,而非国有经济的比重相应显著上升。据统计,国有工商企业资产占全社会工商企业资产的比重从改革初期的近90%,下降至现阶段的44%；在年GDP总量中,国有经济所占比重由改革初期的绝对优势转变为现阶段的36%；在工业总产值中,国有工业企业所占比重由改革初期的近80%下降为现阶段的27%；在社会消费品零售总额中,国有经济实现的零售总额由改革初期的55%下降至33%。① 二是国有企业在国民经济中的分布结构发生了显著变化,由一般性竞争行业转向关系国计民生的关键领域和重要部门。

---

① 数据来源于刘伟(2012:65)。

表 2.1　国有样本企业产权改革时间分布①

产权改革时间	样本数	百分比(%)
1991—1995	50	11.85
1996—2000	209	49.53
2001—2005	163	38.63
总计	422	100.00

资料来源:赵世勇和陈其广(2007)。

然而,尽管目前的国有企业改革取得了多方面的成果,但考虑到近百年主要资本主义国家的国有制大都稳定在全社会资产比重的10%—20%之间(刘伟,2012),同时我国国有企业改革一直遵循"先易后难、先小后大"的整体思路,伴随改革的进一步深入,国有大中型企业将逐步成为改革的主要目标,因此,我国国有企业改革的任务依旧任重道远。

正如刘伟(2000)所言:"第一,国有企业从产权性质角度考虑,具有超经济性质,即便是当代西方的主要资本主义国家,如英国、法国等,其法律也明确规定国有企业的领导必须是由政府任命的官员。这种政企合一的方式虽然在理论上与市场经济的要求相冲突,但实践中一定程度上却是国家作为国有企业实际所有者实

---

① 通过表2.1,我们可以更为直观地考察国有企业的改革进程。可以看到,1991—1995年间仅有11.85%的企业完成产权改革,但1996年后这种趋势得到改观,改革步伐开始提速,并在1996—2000年间达到高峰,一直延续至2000年后。

现其权利的必要方式。但是,这种政企合一的方式却也带来了一个两难的困境:若严格依照市场经济的要求,那么国有企业必须普遍实行政企分开;但是,要求国家不监管国有企业实际上是对国家企业所有权的侵害,国有企业的性质在本质上要求国有企业不能也不应当政企分开。第二,当前国有企业改革中的委托—代理制度存在较为严重的权利与责任的失衡。我国国有企业改革的典型方式是国有企业承包制以及股份制改造,此类委托—代理关系的实现较西方以股份公司为代表的委托—代理制度存在更为显著的缺陷:一是包括承包制和股份制在内的委托—代理,基本上都不是通过市场方式实现的,而是通过契约形式加以实现,加之国有产权无法在市场上进行交易,因此国家作为国有企业的所有者,不可能通过资本市场来选择、评价、监督代理者,由此若国家减少干预甚至外在于企业,则不可能通过外部市场交易在转移所有者风险的同时,给代理者以市场评价和监督,上述特点极有可能产生'内部人控制'问题,损害国家的权益;二是尽管国有企业改造成股份公司,但国有股和法人股仍占有绝对优势,而几乎所有的国有企业的承包者和国有股占绝对优势比重的股份公司董事会,本身并均不具备承担资产责任的能力,但他们却获得对国有资产的支配权,这使得代理者存在严重的权力与责任的不对称,导致或是代理者不受束缚地拿不属于自己的资产去冒险,造成国有资产的流失,或是代理者本身不存在剩余索取权,缺乏竞争的动力。"能否有效解决这些难题,成为国有企业改革成败的关键。

此外,私营企业也是产权改革的关键领域之一。改革开放以来,我国私营企业实现了跃进式发展。但是,我国私营企业的产权现状与市场经济的要求相比尚有一定差距,私营企业的产权主体仍具有超经济性质和产权界区不清晰等问题(刘伟,2000),这些缺陷也会对私营企业的资本积累、竞争力提升以及治理结构的改进产生危害。

2.3 创新理论

2.3.1 创新理论的产生与发展

创新理论(Innovation Theory)最初是由熊彼特在其1934年的著作《经济发展理论:对利润、资本、信贷、利息和经济周期的探究》(The Theory of Economic Development: An Inquiry into Profits, Cap-

产权视角下的企业创新绩效分析

ital,*Credit*,*Interest and the Business Cycle*)一书中首次提出,并于1939年出版的《商业周期循环论》(*The Business Cycle*)和1942年出版的《资本主义、社会主义与民主》(*Capitalism*,*Socialism and Democracy*)中得到完善。在熊彼特看来,所谓"创新"就是要"建立一种新的生产函数",即"生产要素的重新组合",并通过市场获取潜在利润的生产活动。它存在以下五种情况:一是采用新的产品或开发新的产品特性;二是采用新的生产方法;三是开辟新的市场;四是占有原材料或半制成品的供应来源;五是实现新的工作组织。同时,他特别强调创新的本质在于"创造性毁灭"(Creative Destruction),并将"创造性毁灭"和经济周期理论(Economic Cycle Theory)进行了有机的结合。他认为,所谓"经济发展"就是"整个资本主义社会不断地实现生产要素的重新组合"的结果,而创新过程的非连续性和非均衡性也导致了资本主义社会周期性的经济波动,不同的创新对经济发展会产生不同的影响,由此形成时间各异的周期(Schumpeter,1934,1939,1942)。此外,熊彼特还特别强调创新的主体是"企业家","企业家"的核心职能不是经营和管理,而是实现生产要素的重新组合,这也是真正的企业家活动与其他活动的本质区别。

此后,以熊彼特的理论为基础,经过众多经济学家的不断补充与完善,"熊彼特增长理论"(Schumpeterian Growth Theory)逐渐形成。其理论的核心特征是认为内生的研发和创新是推动经济增长的决定性因素(严成樑和龚六堂,2009)。在其发展脉络上,该理论在经历了早期的内生熊彼特增长模型(Romer,1990;Grossman 和 Helpman,1991;Aghion 和 Howitt,1990)、半内生熊彼特增长模型(Jones,1995;Segerstrom,1998)以及完全内生熊彼特增长模型(Jones,1999;Howitt,1999;Lloyd-Ellis 和 Roberts,2002;Madsen,2008)后,逐步走向成熟。

实证研究方面,经济学家基于不同的增长模型,致力于分析创新活动(特别是技术创新)对于经济发展的作用(见表2.2)。对于创新与经济增长之间的关系,经济学家大都认为创新是推动生产率提高、经济增长的主要动力。

表2.2 创新与经济增长实证研究主要文献汇总

作者	数据	主要结论
Griliches (1980)	1959—1977年美国3位数制造业数据	1959—1968年间,R&D投入与生产率显著正相关;但1969—1977年间,R&D投入与生产率相关性几乎为零
Griliches (1980)	1957—1963年美国公司数据	企业R&D投入密度与生产率之间显著正相关
Pakes 和 Griliches(1984)	1968—1975年美国公司数据	企业R&D投入密度与生产率之间显著正相关

（续表）

作者	数据	主要结论
Mansfield (1988)	1960—1979年日本和1948—1966年美国数据	在日本，生产应用型R&D投入与生产率显著正相关，基础研究型R&D投入与生产率非显著负相关；在美国，两者与生产率均显著正相关
Griliches和Mairesse(1990)	1973—1980年美国和日本公司数据	对全样本无法得出统一的结论
Helpman (1997)	1971—1990年国家面板数据	在G7国家，R&D存量对于生产率增长的贡献率略大于其他样本国家
Griffith等 (2000)	1974—1990年12个OECD国家数据	R&D密度与全要素生产率(TFP)之间显著正相关
Frantzen (2003)	1972—1994年14个OECD国家22个行业数据	R&D投入与全要素生产率之间显著正相关
Zachariadis (2003)	1963—1998年美国制造业数据	R&D密度的提高使得专利发明显著增多，引发科技进步并进而促进经济的快速增长
Zachariadis (2004)	1973—1991年13个OECD国家数据	R&D密度的提高有利于生产率的提高，进而促进经济增长
Hu等(2005)	1995—1999年中国规模以上制造业企业数据	R&D和技术引进共同促进生产率的提高
Ulku(2007)	1981—1997年17个OECD国家化学、医药、电子和机械制造行业数据	R&D是经济增长的决定因素之一
Ulku(2007)	41个OECD和非OECD国家	仅在大市场OECD国家，R&D人员比例与创新显著正相关
吴延兵 (2008)	1996—2003年中国地区工业的面板数据	R&D和国外技术引进共同促进生产率提高，但国内技术引进对生产率的影响并不显著
刘小玄和吴延兵(2009)	2000—2004年中国抽样调查企业数据	技术进步停滞不前是企业生产率增长处于下降态势的主要原因

目前,有关创新理论的研究还存在若干分支,包括制度创新理论、技术创新理论、管理创新理论、组织创新理论等。基于本书的研究目的,本节后续部分将仅就经济领域中与技术创新绩效相关的研究成果进行梳理。①

接下来,我们首先对近年来我国科技创新的统计指标进行一定的解释和梳理,以便对我国科技创新的现状形成较为直观的印象。②

1. 全国整体情况

近年来,我国对于科技创新的重视程度逐年增强,无论是创新活动的人员投入还是资金投入,均逐年递增。

首先,在R&D人员(研发人员)投入方面(见图2.1),1995—2010年,中国R&D人员全时当量不断增长。1995年,我国R&D人员全时当量为75.2万人年,至2010年,增长至255.4万人年,年均增长8.5个百分点。特别是2005年以来,增速明显加快,2005—2010年间,全国R&D人员全时当量投入较前一年分别增长18.5%、10.1%、15.6%、13.2%、16.6%和11.5%,均高于

---

① 由于本书主要研究技术创新问题,因此后文如无特殊说明,技术创新均简称为创新。

② 本小节图表数据均来自历年《中国科技统计年鉴》。

1995—2010 年间的平均增长速度。

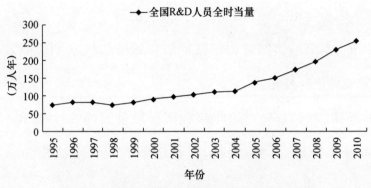

图 2.1　1995—2010 年中国 R&D 人员全时当量

其次,在 R&D 经费(研发经费)支出方面(见图 2.2),经费支出不断增长的趋势与研发人员投入基本一致。1995—2010 年间,中国 R&D 经费内部支出快速增长,由 1995 年的 348.7 亿元人民币增长到 2010 年的 7 062.6 亿元人民币,年均增长速度为 22.2%,远高于同期 GDP 的增幅水平,并由此带来全国 R&D 经费内部支出占当年 GDP 的比重由 1995 年的 0.57% 快速上升到 2010 年的 1.76%,比重明显增加。这也充分说明我国对于科技创新资金方面的支持力度不断增强。

值得特别关注的是,企业已逐渐成为我国科技创新体系建设的主力军,特别是大中型企业开始发挥愈发重要的作用,而政府的角色则相应地逐渐从主导和直接参与转变为引导和规范,市场在科技创新中的作用日益明显。如图 2.3 所示,2000 年,中国企业

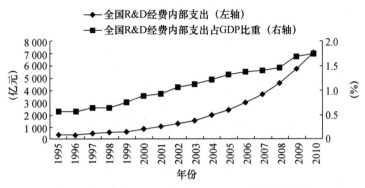

图 2.2　1995—2010 年中国 R&D 经费内部支出

的 R&D 经费内部支出占全国 R&D 经费支出的比重已达到 60%，至 2010 年，这一比重进一步上升为 73.4%，变化显著；而大中型企业 R&D 经费内部支出占全国 R&D 经费支出的比重也由 2000 年的 39.5% 上升到 2010 年的 56.9%，10 年中增长近 20 个百分点。企业特别是大中型企业在科技创新体系中的主体地位不断得到增强。

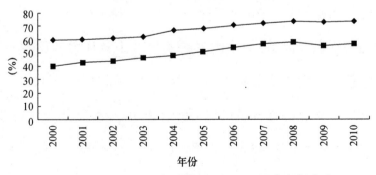

图 2.3　2000—2010 年中国企业 R&D 经费内部支出

最后,在企业 R&D 经费来源方面(见图 2.4),与全国 R&D 经费来源的变化趋势相似,政府在其中所扮演的角色不断淡化,资金比重逐渐下降,而企业自筹资金的比重则不断上升,这也从一个侧面反映了企业对于科技创新的自主性意愿逐渐增强。

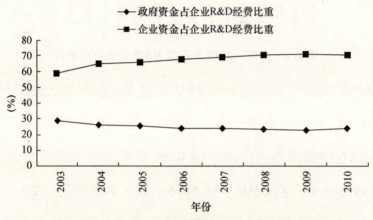

图 2.4 2003—2010 年中国企业 R&D 经费来源

如图 2.4 所示,2003 年政府资金占企业 R&D 经费的比重为 29.9%,至 2010 年这一比重下降为 24%;而企业资金占企业 R&D 经费的比重则相应由 2003 年的 60.1% 上升到 2010 年的 71.1%,变化趋势明显。但是,上述比重的变化并不意味着我国政府对于科技创新的支持力度有所减弱,实际上是有所增强。例如,科技拨款占财政总支出的比重虽然在 1995—2010 年经历了一定的波动,但仍由 1995 年的 4.43% 上升到 2010 年的 4.58%(见图 2.5)。只是与企业在科技创新体系中日益突出的主体地位相比,政府的直接主导作用逐步发生变化,这也同我国国家创新体系的建设目标相一致。

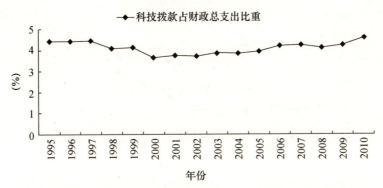

图2.5　1995—2010年中国科技拨款占财政总支出的比重

2. 大中型企业情况

近年来,企业特别是大中型企业已逐渐成为我国科技创新体系的主力军,并发挥着十分重要的作用。下面,我们就更为细致地对近年来我国大中型企业在科技创新方面的表现进行梳理。

第一,在企业参与科技活动方面(见图2.6),虽然有R&D活动的企业占全国企业的比重出现了一定的波动,但企业的数量总体上在持续增加。2000年,我国有R&D活动企业的数量为7 116个,至2010年上升到12 889个;较为意外的是,有R&D活动企业占全国企业总数的比重却出现波动下降,由2000年的32.7%下降到2004年的23.7%,但2008年后出现反弹,上升到2010年的28.3%。这也说明如何进一步激发企业创新的动力与活力,是我国实现国家整体创新目标的关键。

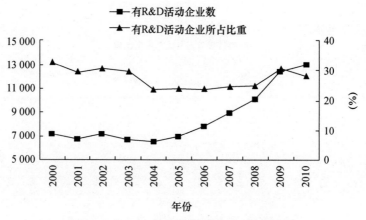

图2.6　2000—2010年中国企业科技活动

第二,在R&D资金投入方面(见图2.7),我国大中型企业的资金投入量迅猛增加。中国大中型企业平均R&D经费内部支出由2000年的496.6万元人民币上升到2010年的3 115.4万元人民币,年均增长20.2%;相应地,大中型企业R&D经费内部支出占企业主营业务收入的比重也由2000年的70.9%上升到2010年的93%。企业对于科技创新的资金投入力度不断增强。

第三,在R&D人员投入方面(见图2.8),我国大中型企业R&D人员投入与R&D资金投入的变化趋势相似,力度同样不断得到增强。2000年,中国大中型企业平均R&D人员全时当量为46.2人年,至2010年上升到106.3人年,年均增幅8.7个百分点。科技创新队伍的不断扩大已成为大中型企业进行创新研发的

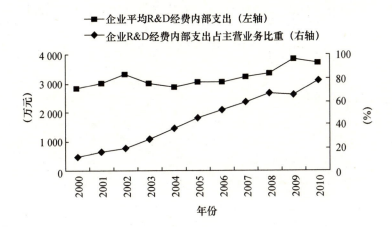

图 2.7 2000—2010 年中国企业 R&D 经费内部支出

重要保证。

图 2.8 2000—2010 年中国企业 R&D 人员全时当量

第四,在研发项目规模方面(见图 2.9),我国大中型企业的变化同样明显,项目平均研发规模不断扩大。2000 年,我国大中型企业的项目平均 R&D 经费支出为 66.1 万元人民币,至 2010 年上升为 236.7 万元人民币,年均增幅高达 13.6 个百分点。

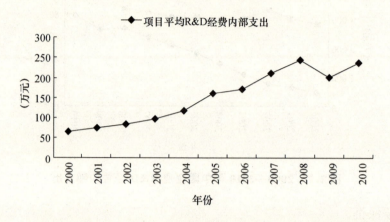

图 2.9　2000—2010 年中国企业项目平均 R&D 经费支出

第五,在经费投入和人员投入方面(见图 2.10),我国大中型企业研发机构的上述两项指标均呈现不断增加的趋势。其中,经费投入方面,2000 年,中国大中型企业研发机构的平均经费支出为 438.1 万元人民币,至 2010 年上升为 1 096.2 万元人民币,年均增幅 16.2%;人员投入方面,2000 年,大中型企业研发机构的平均人员数为 57.6 人,到 2010 年上升至 88.9 人,年均增幅 4.4%。

第六,在新产品研发方面(见图 2.11),我国大中型企业的表现同样不俗。2000 年,大中型企业的项目平均新产品开发经费支出为 69.5 万元人民币,至 2010 年上升到 276.9 万元人民币,年均

图 2.10　2000—2010 年中国企业研发机构统计

增幅达 14.8%;相应地,企业新产品开发经费支出占新产品销售收入的比重也由 2000 年的 5.1% 上升到 2010 年的 6.1%;而新产品出口收入占新产品收入的比重则由 2000 年的 16.6% 上升到 2010 年的 20.3%。新产品开发对于企业销售收入的增长以及企业产品出口增长的重要性愈发突出。

第七,在专利申请方面(见图 2.12),我国大中型企业同样取得了不错的成绩。2000 年,我国大中型企业的平均专利申请数为 1.7 件,至 2010 年,上升为 15.4 件,年均增幅达 25.0%;而大中型企业的平均有效发明专利数则由 2000 年的 0.9 件上升到 2010 年的 8.8 件,年均增幅达 25.6%。我国大中型企业自主创新的动力和能力均有明显的提升。

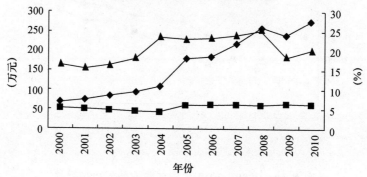

图 2.11　2000—2010 年中国企业新产品研发统计

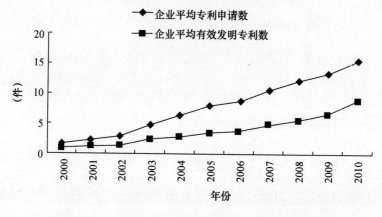

图 2.12　2000—2010 年中国企业专利生产统计

第八,与企业自主研发能力的不断提高相对应,我国大中型企业在技术改造方面的投入也相应有所变化(见图 2.13)。2000—2010 年,中国大中型企业平均技术改造经费支出由 2000 年的

1 591.6 万元人民币上升到 2010 年的 2 822.9 万元人民币;平均引进技术经费支出由 2000 年的 344.9 万元人民币下降到 2010 年的 299.6 万元人民币;平均消化吸收经费支出由 2000 年的 25.6 万元人民币上升到 2010 年的 128.2 万元人民币;而平均购买国内技术经费支出则由 2000 年的 37.1 万元人民币上升到 2010 年的 171.8 万元人民币。这说明大中型企业虽然对于国外技术的直接引进意愿有所下降,但对于国内技术的引进以及技术引进后进行更为有效的消化吸收的意愿逐渐增强。

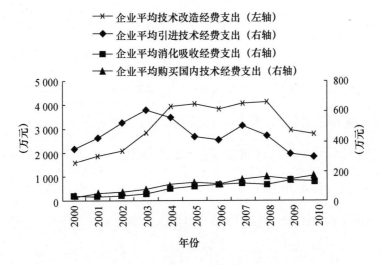

图 2.13 2000—2010 年中国企业技术获取和技术改造情况

产权视角下的企业创新绩效分析

2.3.2 创新绩效研究现状

现有文献关于创新绩效评价的研究,大致可分为宏观与微观两个层面。同时,基于不同经济体经济与政治体制的差异,各国经济学家的关注热点也略有不同。

(一)宏观层面的研究

宏观层面主要是针对国家创新体系(National Invention System,NIS)和地区创新体系(Regional Invention System,RIS)进行分析。自从该理论提出以来,它已成为学者评价不同国家经济发展模式差异的重要工具(Dosi 等,1988;Nelson,2003)。现代科学技术革命在本质上是创新的体制化(安维复,2000),世界各国也正是以该理论为基础,着力打造具有自身特色的创新体系。

创新体系的研究注重体系效率的测算。外文文献中,Nasierowski 和 Arcelus(2003)首次利用数据包络线分析(Data Envelopment Analysis,DEA)方法,评价了1993年和1997年世界多个国家(地区)的创新系统的效率,他们将输入变量界定为研发支出、教育支出等指标,而将输出变量界定为生产率、专利数等,分析发现瑞士、日本、中国台湾处于各个国家(地区)创新效率的最优前沿;Lee 和 Park(2005)同样基于 DEA 方法针对亚洲27个国家(地区)

的 R&D 效率进行了测算,发现新加坡的研发总效率最高,日本则是专利导向型研发的效率较高;Wang 和 Huang(2007)也是基于 DEA 方法,以 R&D 人力资本、R&D 物质资本存量为创新体系的输入变量,以专利与学术出版物数量为体系的输出变量,测算并比较了 30 个国家(地区)的国家创新体系的效率,发现只有不到一半的国家(地区)在 R&D 创新中是有效的,大约三分之二的国家(地区)处于规模报酬递增阶段,许多国家(地区)的学术型创新较生产型创新更具优势;Guan 和 Chen(2012)则进一步将创新过程分解为上游知识产出阶段与下游知识商品化阶段,一方面利用 DEA 方法测算了 1999—2003 年 22 个 OECD 国家的创新效率,另一方面利用 OLS 方法分析了创新效率的决定因素,结果显示大多数国家上下游体系的不协调是国家整体创新效率低下的关键,国家创新体系的建设主要取决于创新活动上下游体系的协调构建。此外,针对地区创新体系,Fritsch 和 Slavtchev(2007)通过知识生产函数计算了德国各个地区创新体系的效率,得到结论认为科研机构和私营部门的研发活动均对创新体系效率的提高具有正向影响,而地区工业结构和研发效率呈现倒 U 形曲线关系;Fritsch 和 Slavtchev(2010)则基于相同的数据,进一步证明了地区专业化和 R&D 效率之间同样呈现倒 U 形曲线关系。

相对于国外学者的研究,基于我国幅员辽阔、地区发展不平衡的现实国情,国内学者更加倾向于地区创新体系的研究。例如,史修松等(2009)运用随机前沿分析(SFA),测算了中国省际区域的创新效率以及空间差异,结果显示中国创新效率总体水平不高,同时区域间的差异较为明显,东部地区的创新效率明显要高于中西部地区;张海洋(2009)通过建立全要素研发效率估算模型,对中国1999年以来的省际工业全要素研发效率进行了比较,同样发现我国大中型工业的全要素研发效率由东向西依次递减;白俊红等(2009)则基于我国1998—2006年30个省际区域的面板数据,利用超越对数随机前沿模型,实证测评了各地区研发创新的相对效率,发现我国创新效率整体水平较低,且研发创新效率在不同地区间的差异显著,东部地区明显高于中西部。然而,尽管大部分文献认为我国地区间创新效率的差异显著,但对于其发展趋势的收敛性判断却略有不同。万广华等(2010)的研究除了得到与上述学者相似的地区创新效率的静态比较结果外,还发现至2003年为止,我国区域(东部—中部—西部)创新能力的不平等性逐年上升,省际地区之间创新能力差距显现V形趋势;而张海洋和史晋川(2011)却在提出新产品技术效率是衡量工业企业自主创新效率有效标准的基础上,通过方向性距离函数的拓展,研究认为虽然我国自1999年以来地区工业自主创新效率呈现东部至西部依次递减的态势,但地区间的差距却在不断缩小。

(二)微观层面的研究

与宏观层面的研究相比,微观层面涉及创新绩效的研究相对较为薄弱(项本武,2009),早期研究往往以利润与收入之比或R&D支出与销售收入之比表示企业创新绩效(Morbey,1988;Wallin和Gilman,1986;Brenner和Rushton,1989)。在本书的检索中,最早的全要素R&D效率研究来自Honjo和Haneda(1998),他们利用1977—1991年日本14个制药公司的数据,基于DEA方法测算了这些企业单投入、双产出的R&D效率。

之后,伴随投入与产出测量指标的拓展,研究成果逐渐丰富(见表2.3)。

表2.3 微观层面创新绩效研究主要外文文献汇总

作者	样本	方法	输入变量	输出变量
Honjo 和 Haneda(1998)	日本14家制药公司	DEA	R&D存量	专利数、商业化新药物
Korhonen 等(2001)	芬兰赫尔辛基经济学院18个研究单位	DEA	研究经费	科研成果
Subbanarasimha 等(2003)	美国29家制药公司	DEA	技术知识的广度和深度	资本回报率、销售额

(续表)

作者	样本	方法	输入变量	输出变量
Siegel 等（2003）	英国 177 家企业	DEA	R&D 支出、工程师数量	新产品、专利数、版权
Chen 等（2004）	中国台湾新竹科技园 31 家电脑及外围设备生产企业	DEA	企业年龄、资本、R&D 支出、R&D 人员	销售额、专利数
Cherchye 和 Vanden Abeele（2005）	荷兰大学经管学院	DEA	博士生、博士后、教授、副教授、科研经费以及合同赠款数量	博士论文、国际期刊论文、国内期刊论文、学术专著等的数量
Diaz-Balteiro 等（2006）	西班牙木材加工企业	DEA	R&D 支出、R&D 人员、雇员等	销售额、利润、专利数
Chen 和 Lin（2006）	中国台湾新竹工业园 52 家半导体企业	DEA	企业年龄、资本、R&D 支出、R&D 人员	销售额、专利
Jefferson 等（2006）	中国 182 家工业创新企业	DEA	R&D 支出、学习能力、制造能力、组织能力等	市场份额、销售额增长、出口率、利润增长、生产率、新产品率
Hashimoto 和 Haneda（2008）	日本制药公司	DEA	R&D 支出	专利数、药品销售、营业利润
Lu 等（2010）	中国台湾 194 家高科技企业	DEA OLS	R&D 支出、R&D 人员等	利润、专利数等

国内研究方面,梁莱歆等(2006)以中国生物制药上市公司为对象进行研究,结果表明大多数生物制药上市公司的 R&D 效率差距不大,研发效率与企业规模之间存在一定的联系,同时,部分公司的 R&D 经费投入的使用效率高于人员投入的使用效率;冯根福等(2006)从效率的角度,重新设计了量化中国工业部门研发行为的指标与变量,并对中国 35 个工业部门的研发效率及其影响因素进行了实证分析;吴延兵和米增渝(2011)则运用中国制造业非国有企业调研数据,考察了不同产品开发模式对企业技术效率的影响,结果显示合作创新企业的效率最高,模仿企业的效率次之,独立创新企业的效率最低。

2.3.3 创新绩效影响因素

在对经济决策单元的创新绩效做出合理评价之后,找到创新绩效的决定因素以缩小本单位与效率前沿之间的差距,就显得十分必要。现有文献虽然对于创新绩效影响因素的研究较为缺乏,但关于创新投入、创新产出的影响因素分析却已较为丰富(见表2.4)。

表 2.4 创新绩效影响因素研究主要外文文献汇总

影响因素	作者	结论
外商投资	Lichtenberg 和 Van Pottelsberghe(1996)	外商直接投资(FDI)并不是实现技术溢出的主要渠道
	Coe 和 Helpman (1997)	全要素生产率的提高不仅依赖于国内 R&D 资本投入,也依赖于国外 R&D 资本投入
	Engelbrecht(1997)	国外 R&D 资本投入、国内 R&D 资本投入与全要素生产率之间存在显著相关性
	Guelle 和 Van Pottelsberghe(2001)	经济规模较小的国家通过国外 R&D 资本投入所获得的收益会更多,且科研活动通过提高技术的吸收能力,促进了知识溢出的有效吸收
	Crespo 等(2002)	国内 R&D 资本和人力投入是有效吸收国外技术溢出的关键因素
	Schneider(2005)	高科技进口与国内创新密切相关,但外商投资对于国内创新的促进效果并不显著
市场结构	Globerman(1973)	高技术产业的市场集中度越高,企业的研发强度、研发人员投入反而越低
	Wilson(1977)	市场集中度对企业的研发强度存在显著的负影响
	Braga 和 Willmore (1991)	市场集中度与技术引进和新产品开发之间呈现非线性关系
	Lee(2005)	市场集中度与工业研发密度之间呈倒 U 形曲线关系
	Hall 等(2008)	市场结构与研发密度密切相关,同时国际竞争能够促进高科技企业研发密度的提高

(续表)

影响因素	作者	结论
知识产权保护	Gould 和 Gruben (1996)	知识产权保护与经济增长显著正相关,特别是在经济环境相对开放的经济体
	Lai(1998)	发展中国家知识产权保护的加强会激励发达国家对其投资的力度
	McCalman(2001)	知识产权保护必然增加发展中国家的技术使用成本
	Kwan 和 Lai(2003)	知识产权的过度保护只会对社会福利产生较小影响,反之则影响巨大
	Chen 和 Puttitenun (2005)	发展中国家知识产权的保护对于创新具有积极的作用,知识产权保护和经济增长呈现 U 形曲线关系
	Kanwar(2007)	知识产权保护对于企业的创新行为具有积极的促进作用
	Furukawa(2007)	知识产权保护会间接降低生产部门的生产率
	Akiyama 和 Furukawa(2009)	发展中国家知识产权保护力度和发达国家创新之间存在 U 形曲线关系
	Furukawa(2010)	知识产权保护和创新之间存在倒 U 形曲线关系,知识产权保护会激励创新,但也在一定程度上抑制了"干中学"的实现
	Gangopadhyay 和 Mondal(2012)	知识产权保护间接阻碍创新的实现
研发支出	Mansfield(1981)	研发支出与全要素生产率显著正相关
	Trajtenberg(1990)	研发支出与创新潜力显著正相关
	Griffith 等(2000)	研发投入与技术创新频率显著正相关
企业规模	Galbraith(1956)	大企业在技术创新方面领先于中小企业
	Villard(1958)	企业从事研发活动将随着企业规模的扩大不断提高
	Philips(1966)	企业规模与企业研发支出显著正相关
	Bound 等(1984)	企业规模与研发密度之间呈现倒 U 形曲线关系

（1）外商直接投资（Foreign Direct Investment，FDI）对于东道国技术创新的影响一直存在争议（徐毅和张二震，2008）。如 Coe 和 Helpman（1997）的早期研究就认为 FDI 对东道国产生了积极的促进作用，知识溢出（Knowledge Spillover）和国际市场竞争（International Competition）是促使东道国技术创新的动力。然而，也有观点认为 FDI 并不必然带动东道国创新能力的提升，反而担心技术模仿（Technology Imitation）会抑制东道国企业提升创新能力的激励。这种观点主要集中于国内，如陈国宏和郭弢（2008）就发现，1991—2006 年外商直接投资对我国自主创新能力提升的作用并不明显；邢斐和张建华（2009）通过 GMM 估计同样发现，FDI 在长期对我国自主研发的影响不明显；而平新乔等（2007）则认为，FDI 会妨碍内资企业通过自主研发以缩小与国际先进水平差距的努力；范承泽等（2008）同样认为尽管存在一定的积极作用，但 FDI 对我国国内研发投入的净影响为负。

（2）市场结构（Market Structure）对于技术创新的影响，应依据市场类型分为要素市场与产品市场进行分析。在产品市场方面，早期学者的研究均认为市场集中不利于技术创新的实现（Globerman，1973），然而伴随研究的深入，更多的研究结论显示市场集中度与创新之间的关系似乎更为复杂（Braga 和 Willmore，1991）。国内学者的研究同样未能形成一致的观点,冯宗宪等(2011)以及张杰、周晓艳和李勇(2011)的研究均认为市场化程度对创新的技术效率具有显著的正向影响;而陈林和朱卫平(2011)则更倾向于进行分组研究,他们发现国有经济比重大的行业中,创新与市场结构呈显著U形曲线关系,而国有经济比重小的市场中,创新与市场结构却呈现显著的倒U形关系。

在要素市场方面,已有研究主要集中于国内。郭国峰等(2007)证实人才市场的建设对于我国中部六省区科技进步具有显著的促进作用;刘降斌和李艳梅(2008)则认为金融体系建设对科技型中小企业自主创新存在长期的支持效应,这也可以解释不同地区企业创新绩效存在的差异;而张杰、李克和刘志彪(2011)的研究更具针对性,他们分析了要素市场的扭曲对中国企业研发投入的影响,结果发现在要素市场扭曲程度越深的地区,市场扭曲对企业研发投入的抑制效应就越大,这也是造成本土企业和外资企业竞争力存在差距的重要因素之一。

(3)知识产权(Intellectual Property Rights)保护对于创新能力的影响,同样存在分歧。一种观点认为知识产权保护的加强能够激发企业对于加大研发投入的积极性,进而对企业创新能力的提升起到积极的促进作用;与之相反的观点则认为,知识产权保护的

产权视角下的企业创新绩效分析

增强会阻碍技术溢出效应的实现,不利于社会创新能力整体的提升。因此,目前关于知识产权保护与创新能力相关性的研究,均假定它们之间存在更为复杂的 U 形曲线关系。在我国,董雪兵和王争(2007)、庄子银(2009)等对此领域的研究也有所涉及。

(4)研发资本(R&D Capital)对于创新的影响不存在太多的争议,国外学者一般认为研发投入的增加有利于创新能力的提升(Cohen 和 Levinthal,1989)。国内学者的研究同样支持了西方学者的观点。吴延兵(2006)的实证检验发现,研发投入对生产率存在显著的正影响;而詹宇波等(2010)的研究也认为内资企业中研发投入的增加,能够通过改善自身创新能力和吸收外资先进技术能力等促使内资企业的技术创新;陆国庆(2011)则通过对我国中小板上市公司创新活动的调查分析,发现创新投入与企业绩效之间呈现显著的正相关关系。

此外,国内学者更加关注研发投入资金的不同来源对于创新绩效的差异化影响(主要来自政府和企业两个方面)。例如,李平等(2007)认为虽然国外研发对中国自主创新能力的贡献不容忽视,但我国自主创新能力的提升主要依靠的是国内的研发投入;孙杨等(2009)的研究发现,虽然政府资助、企业自主筹资均对科技创新有积极的影响,但程度有所差异;白俊红和李婧(2011)的研究结果显示,政府研发资助有助于提升企业的技术创新效率,而企业自身研发投入的提高则有利于其吸收和利用政府的研发资助;王俊(2011)通过测算政府研发资助与企业研发投入的产出弹性,得到结论认为企业研发投入的产出弹性明显高于政府资助;李平和王春晖(2011)则重点关注政府研发资助的影响,他们发现我国政府研发资助有效地激励了企业的研发活动,总体上对企业自有研发投入不存在"挤出效应",其中,国有企业对政府研发资助的依赖性较强,三资企业在技术水平越高的领域受研发资助的激励效应越低。

(5)企业规模(Firm Size)与创新关系的研究最早始于熊彼特,他认为由于大企业可以通过垄断经营从创新产品中获取更多的利润,这些企业会更乐于进行创新活动。但伴随实证研究的进一步深入,学者们逐渐意识到企业规模与创新绩效之间的关系远比熊彼特的分析更为复杂(Bound等,1984)。国内研究方面,周黎安和罗凯(2005)的研究发现,我国企业的规模与企业创新之间的正向关系主要来源于非国有企业,而在国有企业,单纯的规模化和集团化并不一定能够保证企业的创新能力;朱恒鹏(2006)发现企业规模与民营企业研发支出强度之间呈现较明显的倒U形关系,小型企业更倾向于选择自主创新的方式;张杰等(2007)得到的结论显示,企业规模与创新投入强度之间呈现较为明显的倒 U 形关系,存在"门槛效应";而邓可斌和丁重(2010)则发现不同规模的企业对于创新的态度存在显著差异,大企业处于垄断地位没有创新动力,中等规模企业虽然进行创新的动力较强但缺乏资金投入,小企业则更偏好于进行技术效率的改进。

(6)人力资本(Human Resource),特别是企业管理者的背景特征对于企业创新绩效的影响,科斯早在 1937 年便开始进行相关研究,他认为企业管理者的生产经营决策行为对企业的生存与发展具有重要的影响。之后,以莫里斯、阿尔钦和德姆塞茨为代表的委托代理理论,重点关注管理层激励与企业的关系,即委托人应设计何种激励机制才能促使代理人最大限度地行使增加委托人利益的行动。近年来,传统的委托代理理论已无法很好地解释管理层与企业的关系,一些学者便开始尝试以管理者自身背景特征为基础构建新的理论(李焰等,2011),如管理层特征对企业绩效的影响(Cheng,2005)、对企业国际化战略的影响(Srinivasan 等,2002)以及对公司盈余的影响(Dechow 等,1996)等。

国外文献关于管理层特征与企业创新的研究,最初来源于 Hayes 和 Abernathy(1980)对此问题的关注,他们基于案例研究,认为如果企业的管理层过分地依赖财务控制、投资组合管理以及以市场为导向进行决策判断,那么由于上述决策特征会导致企业对于工程技术的忽视,企业在长期将会出现衰退。此外,Porter(1990)也认为具有科技背景的管理层将会更愿意进行 R&D 投资。之后,经济学家基于不同的企业创新指标,研究了不同国家和地区管理层年龄、科技能力、知识层次、股权激励等特征对于企业创新的影响(见表 2.5)。

表 2.5 管理层特征与企业创新研究主要外文文献汇总

作者	数据	创新指标	主要结论
Thong 和 Ya(1995)	新加坡小规模企业数据	以是否采用 IT 表征	以 CEO 的创新能力、对待科技采取的态度以及 IT 知识代表 CEO 背景特征,研究发现小企业中上述 CEO 特征与企业是否采取创新策略显著相关
Daellenbach 等(1999)	美国 224 家企业数据	R&D 密度	证实了管理层的技术倾向与 R&D 密度之间的显著关系,但认为 R&D 密度与管理层的教育水平、从业经验等特征无关
Balkin 等(2000)	1994—1995 年美国 164 家高科技企业数据	专利数 R&D 支出	高科技企业中,CEO 的短期激励与企业的创新策略显著相关,但结果与长期的情形不一致;低科技企业中,无论是长期还是短期两者均无关

(续表)

作者	数据	创新指标	主要结论
Barker 和 Muelle (2002)	1989—1990 年美国 172 家企业数据	R&D 投资	在控制企业性质、发展阶段等因素后,CEO 背景特征与企业的 R&D 支出显著相关;CEO 越年轻、所持股份越大、在市场营销或专业技术方面越有经验,则企业的 R&D 投资越大;而一旦企业 CEO 获得了大学学历,则其学历的继续提高与企业创新无关,但与其学科背景有关;CEO 任期的延长将有助于企业 R&D 决策的形成
Cheng (2004)	1984—1997 年美国企业数据	R&D 支出	企业的 R&D 支出与 CEO 的薪酬密切相关,并且经理人快退休时或企业出现小额亏损时,企业的 R&D 支出会显著增加
Kor (2006)	1990—1995 年美国企业数据	R&D 密度	薪酬激励与董事会的构成会对企业的 R&D 密度产生影响,但外部监事人并不必然形成对企业 R&D 投资战略的有效决策机制
Makri 等 (2006)	1992—1995 年美国 12 个行业 206 家企业数据	R&D 投资	认为技术密集型企业中,CEO 的业绩奖励会显著提升企业的创新动力
Chen 等 (2010)	2000—2002 年中国台湾小规模 IT 企业数据	R&D 投入	管理层特征对小企业 R&D 决策的影响十分显著,年长的经理人相对保守,而高学历以及所持股权比重大的经理人则更倾向于高风险的 R&D 投资策略
Buyl 等 (2011)	33 家荷兰和比利时信息技术企业数据	企业绩效	研究发现 CEO 与管理层的有效互动会发挥管理层专业分布的潜在优势

2.4 产权视角下企业创新绩效研究

外文文献关于产权背景下的企业创新绩效研究,始于 Graves(1988)以及 Hansen 和 Hill(1991)基于美国公司的数据研究,他们主要关注股份公司的股权集中以及机构持股对于企业 R&D 投资的影响(见表 2.6)。

表 2.6 产权与创新研究主要外文文献汇总

作者	数据	指标	主要结论
Zahra (1996)	127 家世界《财富》500 强企业	R&D 投入、新产品开发、专利申请等	企业外部持股人数量的增加将导致企业进行新产品研发的意愿降低
Zhang 等 (2001)	1996—1998 年中国企业数据	以资产、劳动为投入,利润为产出的效率值	国有企业的效率得分最低而外资企业得分最高,但国有企业技术效率提升迅速
Lee 和 O'Neill (2001)	1995 年美国和日本企业数据	R&D 投资	日本与美国,企业所有权的集中度水平及其对于 R&D 投资的影响不同
Eng 和 Shackell (2001)	韩国企业数据	R&D 支出	机构投资者提高了企业 R&D 的支出水平

（续表）

作者	数据	指标	主要结论
Zhang 等（2002）	1996—1998 年中国企业数据	以资产、劳动为投入，利润为产出的效率值	在控制税收、资本结构等影响因素后，国有企业的盈利性表现依然不佳，而贷款"软约束"是这种现象的主要原因
Castellani 和 Zanfei（2003）	1994—1996 年意大利企业数据	R&D 支出、新产品、专利等	否认外资企业较本土企业而言，在创新方面表现更为优异
Zhang 等（2003）	1995 年中国 8 341 家企业数据	以 R&D 人员和 R&D 支出为投入，新产品、高科技产品以及技术服务利润为产出的效率值	国有部门在 R&D 效率方面低于非国有部门；而非国有部门内部则是国外企业效率最高
Ortega-Argilés 等（2005）	2001 年西班牙企业数据	劳均 R&D 支出、专利数	企业产权的集中不利于 R&D 活动的开展
Jefferson 等（2006）	1994—1999 年中国 22 000 家规模以上企业的数据	R&D 支出/销售额、劳均 R&D 支出、新产品收入/总收入、申请专利数	
Hiroyuki 和 Zhang（2006）	1990—1999 年日本上市公司数据	R&D 投资	风投资本和大银行持有股份将对企业的 R&D 投资产生显著的促进作用
Kim 和 Lee（2008）	1998—2003 年韩国制造业企业数据	R&D 支出	所有权的不同会对银根宽松与 R&D 投资之间的关系产生影响，私营企业存在倒 U 形关系，而私人投资者强化这种关系，外资和国内机构投资弱化这种关系
Aghion 等（2009）	1990—1999 年美国 800 家企业数据	R&D 支出	机构持股人对于企业的创新具有显著的促进作用

国内文献研究方面,学者们较多地进行国有企业、集体企业、民营企业以及外资企业的比较研究。姚洋(1998)、姚洋和章奇(2001)认为非国有企业比国有企业具有更高的技术效率;吴延兵(2007)运用中国4位数制造业数据,实证检验发现界定明晰的产权结构更有利于研发投入的增加;俞立平(2007)则以国家大中型工业企业为例,运用数据包络线分析,发现国有企业以及国有独资公司的创新投入浪费较大;聂辉华等(2008)利用中国2001年以来规模以上工业企业数据进行测算,得到结论显示我国国有企业的创新效率较低,私营企业的创新效率较高;而吴延兵(2008)的实证检验同样认为,产权明晰的法人资本对企业创新有显著的促进作用,反之则有阻碍作用;张敏和姜付秀(2010)通过研究认为,在中国的民营企业中机构投资者的治理作用更为显著,能够提高民营企业管理者对于薪酬的敏感度;温军和冯根福(2012)发现机构持股人对于不同产权性质企业的R&D策略影响存在差异,证券投资基金对创新存在负效应,且在国有企业中格外显著,民营企业中机构持股人对创新有明显的促进作用,在国有企业中却恰恰相反。此外,蒋殿春和夏良科(2005)探讨了产权性质对于创新模式的影响,发现国有企业的创新主要依赖科技队伍的规模,而其他所有制企业则主要依赖科技经费的比重;池仁勇(2006)对企业的技术创新效率进行了比较,认为效率按外资企业、民营企业、股份制公司、集体企业和国有企业依次递减,但与创新低效率不同,国有企业的研发投入并不低。

2.5 总结与简评

通过上述对于产权理论、创新理论以及产权视角下企业创新绩效研究已有文献的梳理,可以发现尽管国内外目前对于产权理论与创新理论的研究成果已较为丰富,但产权视角下的企业创新研究却相对较为稀缺。且已有研究中:一是对于创新效率的测算较为粗糙,企业的创新过程可分解为知识创新与知识商品化两个阶段,例如不同国家在知识型创新与生产型创新方面的效率就存在显著差异(Wang 和 Huang,2007),因此对于创新效率的测算方法存在进一步改进的空间;二是产权性质的不同对企业创新绩效影响的研究较为缺乏,已有研究也通常以 R&D 支出或 R&D 支出密度表征创新绩效,企业的创新绩效评价体系可进一步拓展;三是产权视角下对于国有企业创新绩效的研究较为稀缺,尤其缺少对于企业产权多元化与国有企业创新绩效之间关系的探讨与分析。

第3章 产权视角下企业创新绩效的测算与比较

3.1 引　　言

本章首先针对企业创新绩效的评价标准进行补充性研究,寻找更为细致的评价企业创新绩效的体系和方法,同时针对我国正处于经济转型期的特殊国情,着重比较不同性质的产权制度安排对于企业创新绩效的影响。产权视角下企业创新绩效的测算与比较,对以往研究进行了一定的扩展,有利于我们在制度层面分析中国企业在创新过程中存在的不足,有利于企业基于自身特征不断地优化创新投入、扩大创新产出,同时也为政府的相关部门制定和实施创新决策提供了参考。

3.2 企业创新绩效的测算方法与指标构建

3.2.1 企业创新绩效模型

企业创新绩效,即企业的创新效率(Innovation Efficiency),是衡量企业在创新过程中投入产出能力的有效测算指标,是效率测算方法在企业创新研究领域中的新应用。效率测算的思想与方法由 Farrell 于 1957 年首次提出,他将效率分解为技术效率(Technical Efficiency)和配置效率(Allocative Efficiency)。其中,技术效率是指在给定各种投入要素的条件下企业实现产出最大化的能力;配置效率是指企业在分别给定的价格和生产技术下,以最优比例利用生产投入的能力(Coelli 等,2005)。[①]

为了说明效率评价的原理,本章参考 Coelli 等(2005)的论述,对其进行详细的阐述。图 3.1 中,假设有 4 家企业 A、B、C、D,每家

---

① 因为在企业的创新过程中,投入要素的价格难以衡量,所以本书只关注企业创新技术效率的测算与比较。后文若无特殊说明,创新效率均指创新技术效率。

企业在创新的过程中都投入两种要素 $x1$ 和 $x2$,相应产出为 y。包络面 TS 为创新前沿面,它是由一系列的线段组成的等创新产出线,表示不同企业等创新产出下投入组合的变化,我们定义包络面 TS 上所有企业的创新过程均是有效率的。由于图 3.1 中除企业 A 外,其他企业均位于前沿面 TS 上,因此我们称企业 A 的创新过程无效率,而其他企业的创新过程均为有效。

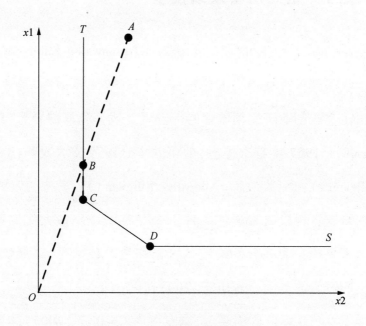

图 3.1　技术效率与配置效率

资料来源:Coelli 等(2005:165)。

在规模报酬不变(Constant Returns to Scale,CRS)的假设条件下,对于创新过程无效率的企业 A 来说,它可以通过同比例减少两种要素的投入,使其创新过程的投入产出组合变为与企业 B 相一致。显然,企业 A 与企业 B 相比,其创新过程中使用了更多的投入要素,只有当 OA/OB 等于 1 时,企业 A 位于创新前沿面 TS 上,此时才称企业 A 的创新过程是有效率的。

但是,前述 CRS 假设仅适合所有企业均以最优规模进行创新活动的情况。然而,在企业的实际创新过程中,此假设条件并非一定能够得到满足,因此基于 CRS 假设下的效率分析存在一定的争议。针对上述问题,许多学者提出了改进方案(Afriat,1972;Fare 等,1983),用以解决规模报酬可变(Variable Returns to Scale,VRS)条件下的情况。

图 3.2 描绘了 VRS 假设条件下,企业单要素投入、单创新产出的创新过程。图中,创新产出集是 VRS 前沿与坐标 x 轴之间的部分。企业 A、B、C 都位于创新产出前沿面(VRS 生产前沿),其创新过程都是有效率的。但是,由于创新生产率等于创新产出量与投入量之比(y/x),即等于由原点出发并过创新决策点的射线的斜率,因此尽管所有企业的创新过程在 VRS 假设条件下都是有效的,但是它们的创新能力却存在显著的差异。具体分析,企业 A 位于 VRS 前沿的规模报酬递增阶段,它可以通过扩大其创新投入的规模,提高自身的创新能力;而企业 C 位于前沿面的规模报酬递减阶

段,它同样可以通过缩小创新投入的规模,提高自身的创新能力。但与企业 A 和企业 C 不同,企业 B 无法通过改变自身的创新规模以提高企业的创新能力,此时我们将企业 B 的创新规模定义为最优创新规模。

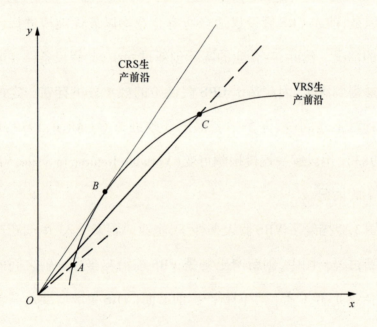

图 3.2　环境纯技术效率与环境规模效率
资料来源:Coelli 等(2005:5)。

由以上的分析可以看出,若将 CRS 假设放松至 VRS 假设,则可能出现一个企业的创新过程虽然技术有效,但规模却不是最优的情况,最终两种假设条件下求得的效率值并不相同(Fare 和 Lovell,1978)。因此,我们将 CRS 假设下的创新效率值称为企业的创新效率(或企业创新绩效),将 VRS 假设下的创新效率值称为企业的创新技术效率,而 CRS 假设下的结果与 VRS 假设下的结果之比,我们则定义为企业的创新规模效率,表示不同企业由于创新投入与产出规模的不同导致的效率差异。

3.2.2 企业创新绩效测算方法

目前,对于效率的测算方法主要有两类,分别是参数化方法和非参数化方法。其中,参数化方法主要包括超对数距离函数模型、二次型方向距离函数模型以及随机前沿分析等;而非参数化方法主要包括数据包络线分析以及基于冗余测度模型等。在近几年的实证研究中,两类测算方法中的随机前沿分析(Stochastic Frontier Approach,SFA)(张宗益等,2006;史修松等,2009)和数据包络线分析(DEA)(Subbanarasimha 等,2003;Hashimoto 和 Haneda,2008;Lu 等,2010)的应用最为广泛。

不同的效率测算方法各有优缺点。"参数法需要将决策单元的生产前沿预设为一定的函数表达式,其优势在于可以对该参数表达式进行微分和代数处理,可以借助线性规划法、随机前沿分析等方法,可以估算距离函数中的参数值,并由此计算各决策单元的生产率。但是,当采用线性规划等方法求解参数时,往往无法获得相关的统计量。例如,采用随机前沿法虽然可以计算出距离函数中的参数值和相关的统计量,但该方法需要预设函数形式,且对误差项的分布假设较强"(魏楚等,2011)。目前,非参数 DEA 方法由于不需要事先对生产函数的结构进行假设和对参数进行估计、允许无效率行为的存在、能对全要素生产率进行分解、可以避免残差自相关问题、适用性强且方法成熟度高等优点,得到更为广泛的应用(Coelli,2005)。本章同样利用此方法进行企业全要素创新效率的计算。

一般而言,利用 DEA 方法进行创新效率的评价,存在以下两个步骤:一是样本企业创新效率前沿面的估算;二是企业实际创新与效率前沿面之间距离的测量。DEA 方法利用样本企业创新过程的投入产出数据,通过构建非参数前沿面,计算个体企业的创新过程相对于此前沿面的效率差距(Coelli 等,2005)。

在 CRS 假设的前提下,假设每家企业在创新过程中均使用 K 种投入要素生产 N 种产出,则企业 i 的创新效率可通过以下线性规划问题求解:

$$\text{Min}_{\theta,\lambda} \theta x$$

$$\text{s. t.} \begin{cases} -y_i + Y\lambda \geq 0 \\ x_i - X\lambda \geq 0 \\ \lambda \geq 0 \end{cases} \quad (3-1)$$

其中，X 是相应的创新投入，Y 是创新过程的产出，θ 是标量，λ 是一个 $N \times 1$ 阶常向量。θ 值即为企业 i 的创新效率，根据前述定义，如果 $\theta = 1$，则意味着该企业的创新过程是有效的。

若将 CRS 假设放松至 VRS 假设，则问题的求解可以通过添加凸性约束条件 $I_1 \lambda = 1$ 转化为以下线性规划问题：

$$\text{Min}_{\theta,\lambda} \theta x$$

$$\text{s.t.} \begin{cases} -y_i + Y\lambda \geq 0 \\ x_i - X\lambda \geq 0 \\ I_1 \lambda = 1 \\ \lambda \geq 0 \end{cases} \quad (3\text{-}2)$$

由前述效率评价原理可知，两组公式求得的创新效率值 TE 并不相同。基于 CRS 假设下的效率值 TE_{CRS}，我们称之为创新效率（即创新绩效）；基于 VRS 假设下求得的效率值 TE_{VRS}，我们称之为创新技术效率。它们的比值表示不同企业由于创新过程中投入/产出的规模不同所导致的效率差异（Coelli 等，2005），我们称之为创新规模效率：

$$\text{SE} = \frac{\text{TE}_{\text{CRS}}}{\text{TE}_{\text{VRS}}} \quad (3\text{-}3)$$

由(3-4)式，我们同样可以将创新效率分解为创新规模效率和

创新技术效率:

$$TE_{CRS} = SE \cdot TE_{VRS} \tag{3-4}$$

对于规模报酬这一概念,官建成和陈凯华(2009)做了细致分析,即"企业在创新活动各个阶段的规模报酬反映了创新投入和产出之间的关系,若某个企业在某阶段创新活动中规模报酬不变,则表示该创新系统的投入增加或减少时,产出也将同等倍数地增加或减少;若规模报酬递增,则表示系统的创新投入增加或减少时,产出将以多于该投入增减的倍数增加或减少;与之相反,若规模报酬递减,则表示系统的创新投入增加或减少时,产出将以少于该投入增减的倍数增加或减少。因此,若企业位于规模报酬不变阶段,说明企业在此研发阶段的投入产出已经达到平衡;若企业位于规模报酬递增阶段,说明企业可以通过增加创新投入来获得更多的创新产出;若企业位于规模报酬递减阶段,则说明可能存在规模规划和发展不当,或是组织管理不善和资源配置不当的问题"。本章也将借鉴此理论进行分析。

3.2.3 企业创新绩效指标的构建

已有研究通常将企业的创新过程看作一个多投入、多产出的

"黑箱",并不深究企业创新的具体流程。① 近些年,伴随经济学研究领域的拓展与多学科交叉的频繁,对于企业创新内部流程的深入分析日益引起关注(Lundvall,2007)。Guan 和 Chen(2012)在他们对国家创新体系的细致研究中,将创新过程划分为两个阶段:上游知识创造阶段和下游知识商品化阶段。此阶段的划分在企业创新过程中同样得到明显的体现,本书借鉴他们的分析思路,将企业创新过程划分为上述相互关联的两个阶段。

由图 3.3 可以看到,企业的创新过程可以分解为知识创造与知识商品化两个既相互关联又存在差别的阶段。借鉴 Guan 和 Chen(2012)的研究经验,同时基于数据的可获得性,本书中的知识创造阶段以企业 R&D 人员与 R&D 经费为投入,以企业专利申请数为产出;而知识商品化阶段则以企业从业人员、新产品研发费用以及企业专利拥有数为投入要素,以企业新产品的产值为产出。与将企业创新过程视为"黑箱"的全过程创新效率测算相比,企业创新效率的分阶段计算,使我们可以更为细致地探讨不同企业创新绩效存在的差异以及深层次原因,可以更为有的放矢地为企业

---

① 由图 3.3 可以看到,以往研究往往认为企业的创新过程是一个以从业人员数量、新产品研发经费、R&D 经费以及 R&D 人员等指标为投入,以新产品产值与专利申请数量等指标为产出的多投入、多产出生产过程,并不关注其具体的内部流程,视为"黑箱"。

创新绩效的改进提供决策参考。

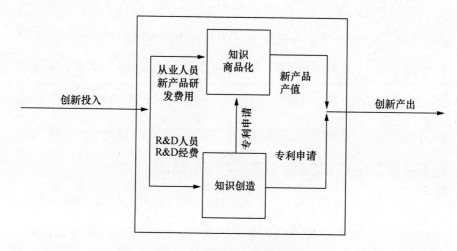

图 3.3　企业知识创新过程

3.3　相关数据说明

本章使用的数据来源于《中国科技统计年鉴》关于我国大中型工业企业的数据统计。

主要变量说明如下①：

---

① 本章对于变量的定义来自《中国科技统计年鉴》。

第3章 产权视角下企业创新绩效的测算与比较

（1）样本企业的产权性质。按照《中国科技统计年鉴》对于大中型工业企业产权性质的划分，本书将样本企业按照产权性质划分为9类，分别是：国有企业、集体企业、股份合作企业、联营企业、有限责任公司、股份有限公司、私营企业、港澳台商投资企业以及外商投资企业。[1]

（2）知识创造阶段的投入与产出。投入指标为企业R&D经费内部支出和R&D人员，产出指标为企业的专利申请数量。

R&D经费内部支出：指企业在报告年度用于内部开展R&D活

---

[1] 国有企业是指企业全部资产归国家所有，并按《中华人民共和国企业法人登记管理条例》规定登记注册的非公司制的经济组织，但不包括有限责任公司中的国有独资公司；集体企业是指企业资产归集体所有，并按《中华人民共和国企业法人登记管理条例》规定登记注册的经济组织；股份合作企业是指以合作制为基础，由企业职工共同出资入股，吸收一定比例的社会资产投资组建，实行自主经营、自负盈亏、共同劳动、民主管理、按劳分配与按股分红相结合的一种集体经济组织；联营企业是指两个及两个以上相同或不同所有制性质的企业法人或事业单位法人，按自愿、平等、互利的原则，共同投资组成的经济组织；有限责任公司是指根据《中华人民共和国公司登记管理条例》规定登记注册，由两个以上、五十个以下的股东共同出资，每个股东以其所认缴的出资额对公司承担有限责任，公司以其全部资产对其债务承担责任的经济组织；股份有限公司是指根据《中华人民共和国公司登记管理条例》规定登记注册，其全部注册资本由等额股份构成并通过发行股票筹集资本，股东以其认购的股份对公司承担有限责任，公司以其全部资产对其债务承担责任的经济组织；私营企业是指由自然人投资设立或由自然人控股，以雇佣劳动为基础的营利性经济组织；港澳台商投资企业是指企业注册登记类型中的港、澳、台资合资、合作、独资经营企业和股份有限公司之和；外商投资企业是指企业注册登记类型中的中外合资、合作经营企业，外资企业和外商投资股份有限公司之和。

产权视角下的企业创新绩效分析

动的实际支出。包括用于 R&D 项目(课题)活动的直接支出,以及间接用于 R&D 活动的管理费、服务费、与 R&D 有关的基本建设支出以及外协加工费等,但不包括生产性活动支出、归还贷款支出以及与外单位合作或委托外单位进行 R&D 活动而转拨给对方的经费支出。

R&D 人员:指调查单位内部从事基础研究、应用研究和试验发展三类活动的人员。包括直接参加上述三类项目活动的人员以及这三类项目的管理人员和直接服务人员。为研发活动提供直接服务的人员包括直接为研发活动提供资料文献、材料供应、设备维护等服务的人员。

专利申请数:指企业在报告年度内向专利行政部门提出专利申请并被受理的件数。其中,专利是专利权的简称,是对发明人的发明创造经审查合格后,由专利局依据《专利法》授予发明人和设计人对该项发明创造享有的专有权,包括发明、实用新型和外观设计。

(3)知识商品化阶段的投入与产出。投入指标为企业的新产品开发经费支出、年末从业人员数和专利拥有数,产出指标为企业的新产品产值。

新产品开发经费支出:指报告年度内在企业科技活动经费内

部支出中用于新产品研究开发的经费支出。包括新产品的研究、设计、模型研制、测试、试验等费用支出。

年末从业人员数:指在本单位工作并取得劳动报酬或收入的年末实有人员数。年末从业人员包括在各单位工作的外方人员和港澳台方人员、兼职人员、再就业的离退休人员、借用的外单位人员和第二职业者,但不包括离开本单位仍保留劳动关系的职工。

专利拥有数:指企业在报告年度内拥有专利的件数。

新产品产值:指报告年度企业生产的新产品的产值。其中,新产品是指采用新技术原理、新设计构思研制、生产的全新产品,或在结构、材质、工艺等某一方面比原有产品有明显改进,从而显著提高了产品性能或扩大了使用功能的产品。

此外,企业的研发周期是我们需要考虑的另外一个关键问题。目前,对于企业研发周期的长短并未形成统一的标准(Wang 和 Huang,2007),已有研究或是忽视此问题,或是普遍界定周期为3至5年。基于本章的数据特征,我们将企业的研发周期定义为4年,同时借鉴 Guan 和 Chen(2012)的研究成果,将知识创造阶段的周期界定为3年,知识商品化阶段的周期界定为1年。因此,企业全过程创新的投入和产出数据分别来源于2004年和2008年;知识创造阶段的投入和产出数据分别来源于2004年和2007年;知

产权视角下的企业创新绩效分析

识商品化阶段的投入和产出数据分别来源于 2007 年和 2008 年。变量的统计性描述如表 3.1 所示。

表 3.1　变量的统计性描述

变量名称	R&D 人员（人）	R&D 支出（万元）	年末从业人员数（人）	新产品开发经费（万元）	专利申请数（件）	专利拥有数（件）	新产品产值（万元）
年份	2004	2004	2007	2007	2007	2007	2008
观测值	9	9	9	9	9	9	9
均值	72 633	1 060 216	4 850 241	2 713 569	10 634	4 825	2 713 569
标准差	78 775	1 006 220	3 983 613	2 608 850	9 634	3 813	2 608 850
最小值	1 784	37 309	116 382	83 854	95	54	83 854
最大值	236 638	2 865 532	12 027 651	7 816 899	24 777	11 269	7 816 899

本章计算采用的数据包络分析程序为 DEAP2.1，该程序考虑了多种模型，运用的 Fortran 语言为 IBM PC 兼容机编制的（Coelli,1996）。且此软件为免费软件，在效率评价领域得到广泛应用。具体测算结果由下文给出。

3.4 测算结果的解释说明

3.4.1 不同产权性质企业创新投入的比较

已有研究往往以创新体系的建设表征企业创新绩效。表3.2列出了2004年与2008年不同产权性质企业的创新体系指标的比较。其中,以有科技活动企业的比例表示不同产权性质企业参与创新活动的积极性,以科技项目人员占从业人员的比重表示企业创新活动的人员投入力度,以科技人员中工程师和科学家的比重表示企业创新人员的素质,以科技活动经费占产品销售收入的比重表示企业创新活动的经费投入强度。

通过表3.2可以看到,不同产权性质企业的创新投入力度存在显著差异。在企业参与创新活动的积极性方面,股份有限公司积极性最高,其次为有限责任公司、外商投资企业与国有企业,而集体企业最低;在企业创新活动的人员投入与经费投入方面,同样是股份有限公司的投入力度最高,其余依次为有限责任公司、国有企业、外商投资企业,而私营企业的力度不足;在企业创新人员的素质方面,国有企业的表现则最好,而股份合作企业、私营企业以及港澳台商投资企业的表现却不尽如人意。

表3.2 不同产权性质企业创新投入的比较

序号	企业性质	有科技活动企业的比例(%)		科技项目人员占从业人员的比重(%)		科技人员中工程师和科学家的比重(%)		科技活动经费占产品销售收入的比重(%)	
		2004年	2008年	2004年	2008年	2004年	2008年	2004年	2008年
1	国有企业	12.00	18.60	2.17	3.42	94.12	96.27	1.23	1.34
2	集体企业	6.18	4.44	0.72	0.79	84.92	90.76	0.86	0.79
3	股份合作企业	12.09	12.39	1.16	1.74	70.98	77.87	0.75	0.88
4	联营企业	10.15	8.42	2.15	2.37	93.54	95.86	1.80	1.54
5	有限责任公司	19.91	16.38	2.62	3.93	93.12	85.40	1.74	1.77
6	股份有限公司	31.04	28.28	4.27	6.33	91.02	88.75	2.09	1.92
7	私营企业	9.05	9.14	1.00	1.48	73.57	74.50	0.72	0.66
8	港澳台商投资企业	10.46	12.64	0.98	1.72	76.85	79.03	0.90	0.95
9	外商投资企业	12.61	14.50	1.56	2.46	87.68	85.12	1.06	1.16

由上述分析可知,无论是从企业参与创新活动的积极性,还是从企业创新人员与创新经费的投入以及创新人员的队伍素质分析,国有企业均有不俗的表现,这与部分学者的观点相一致。他们认为国有企业体制上(Atkinson和Stiglitz,1980)以及资源禀赋上

(Hu,2001)的优势,会促使国有企业开展更多的研发创新活动(李春涛和宋敏,2010)。此外,股份有限公司的表现同样优异,这也证明了股份有限公司创新过程中在企业决策、企业管理方面的优势。与国有企业以及股份有限公司比较,外商投资企业、私营企业与港澳台商投资企业的表现不佳,这可能与私营企业重生产轻研发的经营理念、外商与港澳台商投资企业"研发在内"的经营布局密切相关(察志敏等,2009),因此本土企业的研发份额和强度明显高于跨国企业(Griffith 等,2004)。

然而,企业的创新投入指标并不等价于创新绩效,仅依靠创新过程中人、财、物的加大投入,并不必然带来高的创新绩效和明显的产品竞争力(官建成,2004),创新投入指标无法完整描述企业创新的整个过程。从效率的角度分析,以绩效指标全面衡量企业的创新活动,探讨同等要素投入下企业创新活动中产出的差异,显然十分必要。因此,后文我们将针对企业的创新绩效进行测算,分析我国不同产权性质企业在创新绩效方面的差异。

3.4.2 企业全过程创新效率

基于公式(3-1)至(3-4),首先,我们按照企业创新绩效的传统分析思路,将企业创新过程作为多投入、多输出的"黑箱",对企业创新全过程的效率进行测算与分解。

由表 3.3 可知,在 9 类不同产权性质的企业中,私营企业和外商投资企业的创新活动位于效率前沿面,即与其他性质的企业相比,这些企业投入相同数量的要素可以获得更多的创新产出;联营企业、港澳台商投资企业、股份有限公司与有限责任公司的表现尚可,位于中游;而国有企业、集体企业以及股份合作企业的效率值仅分别为 0.264、0.308 和 0.327,与效率前沿的差距较为明显。通过与表 3.2 的结果比较可以发现,国有企业、私营企业和外商投资企业在企业创新投入与企业创新绩效方面的表现有较为显著的差异。其中,国有企业虽然创新投入规模庞大,但要素的利用效率相对较低,这可能是由于国有企业存在资源浪费的现象,也部分反映了国有企业在管理体制方面的不足;而私营企业、外商投资企业的表现则与之相反,虽然这些企业的创新投入并不高,但较高的创新效率在一定程度上弥补了创新投入的不足。

表 3.3 不同性质企业创新全过程效率比较

序号	企业性质	创新效率	技术效率	规模效率	规模报酬
1	国有企业	0.264	0.268	0.986	递增
2	集体企业	0.308	0.392	0.786	递增
3	股份合作企业	0.327	1.000	0.327	递增

(续表)

序号	企业性质	创新效率	技术效率	规模效率	规模报酬
4	联营企业	0.623	1.000	0.623	递增
5	有限责任公司	0.397	0.501	0.793	递减
6	股份有限公司	0.404	0.460	0.878	递减
7	私营企业	1.000	1.000	1.000	不变
8	港澳台商投资企业	0.837	0.841	0.995	递增
9	外商投资企业	1.000	1.000	1.000	不变

其次,我们将企业全过程创新绩效分解为技术效率与规模效率两个部分。可以看到,不同产权性质企业创新绩效存在差异的原因有所不同。借鉴李平和随洪光(2008)的研究思路,可知国有企业和集体企业创新绩效较低的主因是企业创新技术效率较低,即企业的"消化吸收再创新能力"薄弱,经营生产注重科学技术的引进,但一定程度上忽视了"在广泛吸收全球科学成果、积极引进国外先进技术的基础上的二次创新",在组织学习、后期培训、技术吸收、二次创新等方面存在改进空间;股份合作企业和联营企业创新绩效较低则是由企业创新规模效率较低引起的,即企业可能缺乏"集成创新能力",无法"将各个已有的技术单项有机组合起来,融会贯通,构成一种新产品或经营管理方式",企业过程组织与过程管理的能力有待加强。

总之,企业全过程创新绩效的测算,反映了企业在创新过程中将投入要素转化为有效产出的能力。但是,企业的创新过程是由知识创造与知识商品化两个阶段组成,企业全过程创新绩效的测算与比较,未充分重视企业创新活动内部过程的复杂性,不利于对各创新阶段的细致研究。后文我们将针对企业的知识创造与知识商品化两个阶段的绩效进行测算与比较,找到不同产权性质企业创新绩效存在差异的微观原因。

3.4.3 企业知识创造阶段的创新效率

本节首先对知识创造阶段的企业创新效率进行测算和比较(见表3.4)。

表3.4 不同产权性质企业知识创造阶段效率比较

序号	企业性质	创新效率	技术效率	规模效率	规模报酬
1	国有企业	0.112	0.129	0.869	递增
2	集体企业	0.219	0.360	0.609	递增
3	股份合作企业	0.142	1.000	0.142	递增
4	联营企业	0.096	1.000	0.096	递增
5	有限责任公司	0.212	1.000	0.212	递减
6	股份有限公司	0.311	1.000	0.311	递减
7	私营企业	1.000	1.000	1.000	不变
8	港澳台商投资企业	0.438	0.454	0.965	递增
9	外商投资企业	0.327	0.331	0.987	递增

第3章 产权视角下企业创新绩效的测算与比较

横向对比可以发现,在知识创造阶段,私营企业位于创新效率的前沿面,即与其他性质的企业相比,为获得相同数量的专利,私营企业投入了最少的人力和物力。此外,港澳台商投资企业、外商投资企业、股份有限公司、有限责任公司、集体企业、股份合作企业、国有企业以及联营企业知识创造阶段的效率分别位于2至9位,且均与效率前沿存在一定差距。值得注意的是,与表3.2中的结果比较,可以看到虽然国有企业参与创新活动的积极性很高、人力与物力投入的规模庞大,但企业创新的效果并不十分理想,知识创造阶段的效率为0.112,与效率前沿存在差距。与表3.3中的结果相比,港澳台商投资企业与外商投资企业在知识创造环节的创新效率并不突出,说明在中国内地范围内的知识创造并不是这些企业的优势环节,将这些企业先进的研发机构和优秀的研发人员吸引到境内,对于我国加快实现"中国制造"向"中国创造"的转变十分重要。

进一步,我们将不同产权性质企业知识创造阶段的效率进行分解,观察效率存在差异的具体原因。由结果可知,不同产权性质企业创新效率存在差异的原因不尽相同。其中,国有企业、外商投资企业和港澳台商投资企业在知识创造阶段创新效率较低是由技术效率较低引起的;股份有限公司、有限责任公司、股份合作企业、联营企业创新效率较低则是由规模效率较低引起的;而集体企业无论是技术效率还是规模效率,均存在较大提升空间。

3.4.4 企业知识商品化阶段的创新效率

同样,我们对知识商品化阶段的企业创新效率进行测算与分解。

由表 3.5 可知,在知识商品化阶段,外商投资企业、股份有限公司以及联营企业位于创新效率的前沿面,即与其他性质的企业相比,其知识储备转化为企业经济效益的能力更高。之后依次为港澳台商投资企业、私营企业、国有企业、集体企业、有限责任公司以及股份合作企业,且与效率前沿存在差距。值得注意的是,与表 3.4 的结果相比,私营企业在知识商品化阶段的表现与知识创造阶段形成反差,效率为 0.696,位于所有类型企业的第 5 位,说明我国私营企业尽管十分重视知识创造能力的建设,但创新成果的商业转化能力较为薄弱;而外商投资企业和港澳台商投资企业创新效率的变化趋势则与私营企业恰好相反,知识商品化阶段是这些企业在创新活动中的优势环节,这得益于企业对于本土研发中心创新成果的引入、生产和经营;对于国有企业而言,知识商品化阶段的效率与知识创造阶段相比虽然有所提升,但依然存在差距。

张瑜和张诚(2011)的研究也印证了上述观点,他们发现受跨国企业在华研究目的和驱动因素影响,跨国公司在华研发以产品中国化为主,其在华的研发投资中,有52%是投入到应用研究方面,只有33%投入到开发活动中,大部分工作人员在外资企业从事的只是本地化和项目开发。

表3.5 不同性质企业知识商品化阶段效率比较

序号	企业性质	创新效率	技术效率	规模效率	规模报酬
1	国有企业	0.624	0.626	0.998	递增
2	集体企业	0.603	0.612	0.985	递增
3	股份合作企业	0.385	0.698	0.552	递增
4	联营企业	1.000	1.000	1.000	不变
5	有限责任公司	0.554	0.561	0.988	递减
6	股份有限公司	1.000	1.000	1.000	不变
7	私营企业	0.696	0.697	0.998	递增
8	港澳台商投资企业	0.835	0.836	0.999	递增
9	外商投资企业	1.000	1.000	1.000	不变

目前,已有学者对我国技术向经济转化的低效率现象进行研究。官建成和何颖(2009)的实证研究就证实,我国的技术向经济

转化的效率远远低于 OECD 国家的平均效率①。当然,我国企业知识商品化阶段的创新效率较低有其发展阶段的必然性。与英国早在 1844 年即颁布世界上第一部认可公司独立法人地位的公司法——《合作股份公司法》相比(徐克,2005),自新中国成立后,我国直到 1993 年,才颁布了第一部《中华人民共和国公司法》。目前,我国企业知识商品化阶段创新效率较低的现状,不仅与我国社会主义初级阶段的现实国情相吻合,也是我国经济发展的必由阶段。而就企业的主观原因而言,这种差距源自于企业在组织管理、市场能力等方面的不足(汪淼军等,2008),影响了企业技术研发和组织管理之间的有效互动。一方面,企业组织形态存在的方式主要由企业的技术路径和研发机制决定,企业的组织管理应当适应企业技术研发的要求;另一方面,技术研发是一种动态的生产过程,需要承担一定的风险,需要在组织管理的指导下灵活地开展,需要对技术创新的成果进行有效的消化、吸收、采纳和推广应用(官建成和刘建妍,2005)。因此,成功的技术研发不仅取决于企业的技术能力,也取决于企业在制造、市场营销、组织、战略计划、推广、学习等领域与科技创新的匹配能力(官建成,2004)。

---

① 《知识产权风险投资进入黄金时代》[N],《中国知识产权报》,2005 年 5 月 26 日,"中国高科技的转化率不到 10%"。

许多知名跨国企业就是利用新产品市场的开拓促进创新成果的转化,在体制上实现了开发、生产、销售的一体化。为使新产品尽快被市场接受、在较短的时间内占领市场,这些企业不惜花费巨资进行宣传,建立强大的销售网络(倪力亚,1996)。例如,在企业资源分配方面,上述企业大都呈现明显的"哑铃型"结构,即人才和资金主要集中于新产品、新技术的研制开发阶段及新产品的市场营销和市场拓展阶段(陈玉娥和杨宇,2004)。2012年,韩国三星电子的研发投入为103亿美元,营销投入为116亿美元;同年,美国微软公司的研发投入为98亿美元,营销支出更是高达138亿美元,企业产品市场的拓展保证了创新成果转化的有效实现。

与上述知名跨国企业比较,我国企业在此方面的能力仍较为缺乏,在新技术的开发、消化、吸收、转化以及产业化等方面经验不足(陈凯华等,2012),创新集成能力薄弱(马小勇和官建成,2001),这导致了企业知识创造阶段和知识商品化阶段的不协调甚至脱节,造成了技术创新资源和成果的浪费与闲置,阻滞了企业创新绩效的实现。当以新产品销售收入作为企业创新活动的产出时,在我国,无论是国有企业还是私营企业的创新效率与外资企业相比均存在差距,这固然与外资企业在我国的生产经营模式有关,但我国企业自身在新产品市场开拓和商业化方面的不足同样明显

产权视角下的企业创新绩效分析

(吴延兵,2012)。因此,完善科技评价体系,打通科技和经济转移转化的通道,是我国创新体系建设的关键。

3.5 结　　论

本章利用2004年、2007年与2008年中国大中型工业企业的创新投入与产出数据,对不同产权性质企业的创新投入力度以及创新全过程、知识创造阶段与知识商品化阶段的全要素效率进行了测算和比较,结果显示:

首先,不同产权性质企业在创新投入力度方面存在明显差异。在参与创新活动的积极性方面,股份有限公司最高,其次为有限责任公司、外商投资企业与国有企业,集体企业最低;在企业创新活动的人员投入与经费投入力度方面,同样是股份有限公司最高,其余依次为有限责任公司、国有企业、外商投资企业,而私营企业的力度不足;在企业创新人员的素质方面,国有企业的表现则最好,股份合作企业、私营企业以及港澳台商投资企业的表现却不尽如人意。

其次，创新投入并不等价于创新绩效。在全过程创新绩效测算中，私营企业和外商投资企业位于企业创新的效率前沿面；联营企业、港澳台商投资企业、股份有限公司与有限责任公司的表现尚可，位于中游；而国有企业、集体企业以及股份合作企业的创新效率值与效率前沿存在差距。

最后，对于企业不同创新阶段的绩效测算，是对企业创新绩效研究的有益补充。对于知识创造阶段而言，私营企业位于创新效率的前沿面，港澳台商投资企业、外商投资企业、股份有限公司、有限责任公司、集体企业、股份合作企业、国有企业以及联营企业分别位于2至9位；对于知识商品化阶段而言，外商投资企业、股份有限公司以及联营企业位于创新效率的前沿面，其余依次为港澳台商投资企业、私营企业、国有企业、集体企业、有限责任公司以及股份合作企业。

第4章 产权视角下企业创新绩效的影响因素分析

4.1 引　言

创新绩效是评价企业创新能力与成效的可行性指标。本书第3章对不同产权性质企业的创新绩效进行了测算与比较,得到结论认为产权性质的不同会对企业的创新绩效产生显著的影响。然而,不同产权性质的企业之间,其自身特征同样存在明显的差异,这些特征也会对企业的创新绩效产生影响。例如,由于大企业较小企业在融资渠道、风险承担等方面具有优势,大企业将比小企业具有更强的创新能力(Schumpeter,1942)。基于上述原因,本章在我国特殊国情背景下,将影响企业创新绩效的制度和非制度因素同时纳入考察,在控制企业自身特征的情况下,探讨产权性质的不同对于企业创新绩效的影响,同时分析产权视角下企业创新绩效的影响因素,这对于评价产权制度安排在企业创新中的影响以及更具针对性地优化不同产权性质企业的创新绩效,具有一定的借鉴意义。

4.2 模型的构建及数据说明

4.2.1 模型的构建

已有研究广泛地采用创新能力指标或创新动力指标代替企业创新绩效,分析影响企业创新的关键因素。但是,上述指标仅仅反映了企业创新活动的投入状况,并未关注创新结果在创新评价体系中的作用,本章对此进行一定的拓展。

本章的研究样本为我国规模以上工业企业。首先,利用DEA方法(公式(3-1)至(3-4))计算样本企业的全要素创新效率,并以其表征企业的创新绩效作为计量模型的因变量,重点关注影响企业创新绩效的关键因素。①

其中,根据数据的可获得性,创新投入指标定义为样本企业的研发经费支出和年末从业人数,产出指标定义为样本企业的新产品产值。

指标的具体定义说明如下:研发经费支出,指企业在报告年度用于开展研发活动的实际支出;企业员工人数,指在本单位工作并取得劳动报酬或收入的年内每月平均拥有的人数;新产品产值,指报告年度企业生产的新产品的产值。其中,新产品是指采用新技术原理、新设计构思研制、生产的全新产品,或在结构、材质、工艺等某一方面比原有产品有明显改进,从而显著提高了产品性能或扩大了使用功能的产品。

其次,构建计量模型。核心的解释变量为企业的产权结构。本章将企业的产权结构(OWN)以两种方法表示:一种是按照企业的登记注册类型,将样本企业划分为 6 类,分别是国有企业(SOE)、集体企业(COE)、私营企业(PE)、外商投资企业(FFE)、

---

① 本章对于变量的定义来自于国家统计局中国工业企业普查数据库。

第4章 产权视角下企业创新绩效的影响因素分析

港澳台商投资企业(HMT)以及其他性质企业①,并以其他性质企业为参照组;另一种是按照企业的控股情况,将样本企业划分为国有控股企业(SC)②以及其他,同样以其他企业为参照组,加以比较研究。

除企业的产权结构变量外,借鉴 Zhang(2001,2002,2003)、吴延兵(2007,2008)、聂辉华等(2008)、Aghion 等(2009)、周亚红等(2012)的研究,其他影响企业创新绩效的因素还有:

---

① 国有企业是指企业全部资产归国家所有,并按《中华人民共和国企业法人登记管理条例》规定登记注册的非公司制的经济组织,不包括有限责任公司中的国有独资公司;集体企业是指企业资产归集体所有,并按《中华人民共和国企业法人登记管理条例》规定登记注册的经济组织;私营企业是指由自然人投资设立或由自然人控股,以雇佣劳动为基础的营利性经济组织,包括按照《公司法》《合伙企业法》《私营企业暂行条例》规定登记注册的私营有限责任公司、私营股份有限公司、私营合伙企业和私营独资企业;外商投资企业包括外商投资企业、中外合资经营企业、中外合作经营企业、外资企业、外商投资股份有限公司、其他外商投资企业;港澳台商投资企业包括港澳台商独资经营企业、港澳台商投资股份有限公司、其他港澳台商投资企业;其他性质企业包括股份合作企业、联营企业、股份有限公司、有限责任公司。

② 国有控股企业包括国有绝对控股和国有相对控股。绝对控股是指在企业的全部实收资本中,某种经济成分的出资人拥有的实收资本(股本)所占企业全部实收资本(股本)的比例大于50%。投资双方各占50%,且未明确由谁绝对控股的企业,若其中一方为国有或集体的,一律按公有绝对控股经济处理;若投资双方分别为国有、集体的,则按国有绝对控股处理。相对控股是指企业的全部实收资本中,某经济成分的出资人拥有的实收资本(股本)所占的比例虽未大于50%,但根据协议规定拥有企业的实际控制权(协议控股);或者相对大于其他任何一种经济成分的出资人所占比例(相对控股)。

产权视角下的企业创新绩效分析

(1) 地理位置(LOC)。一方面,地理位置反映了企业所在地在提供基础设施、政策支持、金融支持、人才支持和知识产权保护等方面的水平,通常越发达的地区,其创新服务水平也越高,对企业创新绩效的提高也越有利(聂辉华等,2008);另一方面,经济发达地区同类企业的聚集也加剧了企业间的创新竞争与交流,这同样会促使企业努力提高自身创新决策的能力、提升创新过程的监管水平与创新效果。因此,一般而言,经济越发达的地区,企业的创新绩效也应当越高。考虑到我国内地显著的地区经济差异,本章将样本企业所在的地理位置划分为东部地区(EAST)、西部地区(WEST)、东北部地区(NORTH)及中部地区4类,并以中部地区为参照组。① 此种地域划分可以有效地反映企业所处地区的差异对于企业创新绩效的影响。

(2) 产业类型(INDUS)。产业(行业)类型对于企业的创新活动影响巨大,在模型中加入企业所在行业的控制变量可以控制技术机会、资源可获得性、需求特征等多个难以在模型中控制的因素(聂辉华等,2008),不少研究将产业作为技术机会的表示变量(吴

---

① 东部地区包括:北京、天津、河北、上海、江苏、浙江、福建、山东、广东和海南;中部地区包括:山西、安徽、江西、河南、湖北和湖南;西部地区包括:内蒙古、广西、重庆、四川、贵州、云南、西藏、陕西、甘肃、青海、宁夏和新疆;东北部地区包括:辽宁、吉林和黑龙江。

延兵,2007)。但是,已有基于跨产业数据的实证研究或是没有对产业效应进行有效的控制,或是单独使用一个产业的数据进行实证研究但又存在着样本数量过少的问题。因此,本章将样本企业的产业类型纳入模型的考量范围,以两类指标表示:一是按照轻重工业类型划分标准,将样本企业分为重工业企业(HEAVY)和轻工业企业,并以轻工业企业为参照组。一般而言,由于重工业企业在生产机械化程度、产品科技含量等方面通常高于轻工业企业,企业创新将对其生产经营产生更为深远的影响,因此对于创新活动的高度关注会使得重工业企业的创新绩效较轻工业企业而言更高。二是按样本企业的2位数行业进行划分,以控制行业特征对于企业创新绩效的影响。

(3)企业年龄(AGE)。企业成立时间的长短同样会对企业的创新绩效产生影响,呈现U形曲线关系(范承泽等,2008)。一般来说,创立时间较短的企业,其品牌建设相对薄弱,更难以在激烈的市场竞争中立足生存,因此企业急需通过有效的产品创新树立自身品牌价值。同时,新进入市场的企业产品的成熟度与创新度均存在不足,在技术改造升级的过程中,产品模仿创新的空间较大,这为企业进行更为高效的创新活动提供了动力,而创新资金的不足,也会使得这些企业格外关注自身创新效率的提升。之后,伴

产权视角下的企业创新绩效分析

随企业年龄的增长,创新绩效有所降低,但当企业年龄达到一定的阈值后,创立时间较长的企业在经验、资金、人才、管理等方面的优势逐渐显现,企业创新绩效随之提高。对于我国企业而言,创立时间普遍较短,通常尚未达到 U 形曲线的拐点,因此这里我们认为对于样本企业而言,成立时间较短的企业的创新绩效普遍较高。

(4) 行业壁垒(SELL)。一般而言,行业的进入壁垒越高,说明市场的竞争性越弱,企业的垄断力量越大,行业内的企业就会越缺乏进行有效创新的动力。本章以企业的产品销售费用与工业销售产值的比重表示企业所在行业的进入壁垒,认为比值越高,则所在行业的进入壁垒越高,企业的创新绩效越低。

(5) 资产规模(SCALE)。企业资产规模与企业创新关系的研究最早始于熊彼特,在他看来,由于大企业可以通过垄断经营从创新产品中获得更多的利润,因此会更倾向于进行创新活动(Schumpeter,1950)。然而,伴随实证研究的不断深入,学者们逐渐意识到企业资产规模与创新绩效之间的关系远比熊彼特的分析更为复杂(Bound 等,1984),本章同样基于上述结论进行考察。同时,为了验证企业资产规模与创新绩效之间是否存在特殊的 U 形曲线关系,我们将企业资产规模的二次项也引入模型。

第4章 产权视角下企业创新绩效的影响因素分析

(6) 企业利润率(PRO)。企业利润对于创新绩效的影响较为复杂。一方面,企业研发资金的来源可能是企业的利润积累,因此高利润企业将拥有更多的累积资金投入创新活动。但另一方面,正如前文的分析,高创新投入并不意味着高创新产出,高利润企业由于资金充足,可能反而会放松对于企业创新过程的监督,造成资金的浪费;而低利润企业则因急需通过产品创新扭转企业的经营颓势,加之资金紧张,反而可能会更有动力对企业的创新活动进行周密的设计、安排和监督。因此,企业利润对于企业创新绩效的影响不能确定。

(7) 主营业务(SPE)。一般而言,企业主营业务比重越高,则企业生产的专业化程度越高,企业对于所在领域产品生产的纯熟度也越高,"干中学"将使得企业对于产品生产、产品改进拥有更多的心得,企业也越有精力和能力进行更为有效的创新活动(王钦,2011)。因此,本章以企业主营业务收入与营业收入的比值表示企业生产的主营业务比重,认为比值越高,说明企业的专业化程度越高,对于企业的创新绩效也越有利。

将上述影响因素设定为控制变量,则本章关于产权结构差异对企业创新绩效影响分析的计量模型设定如下:

$$IE_{it} = \alpha_0 + \alpha_1 OWN_{it} + \alpha_2 INDUS_{it} + \alpha_3 LOC_{it} + \alpha_4 AGE_{it}$$
$$+ \alpha_5 SCALE_{it} + \alpha_6 SCALE2_{it} + \alpha_7 PRO_{it} + \alpha_8 SELL_{it}$$
$$+ \alpha_9 SPE_{it} + \sum_{t=2}^{T} \alpha_t D_t + \varepsilon_{it} \qquad (4\text{-}1)$$

其中,OWN 表示企业产权结构,INDUS 表示行业,LOC 表示企业所在地理位置,AGE 表示企业年龄,SCALE 表示资产规模,PRO 表示企业利润,SELL 表示企业所在行业的进入壁垒,SPE 表示企业主营业务。此外,公式中加入了年度虚拟变量(D),以控制年份变化造成的估计偏误。

同样,对于不同产权性质企业创新绩效的影响因素分析,本章基于公式(4-2)进行研究:

$$IE_{it} = \beta_0 + \beta_1 INDUS_{it} + \beta_2 LOC_{it} + \beta_3 AGE_{it} + \beta_4 SCALE_{it}$$
$$+ \beta_5 SCALE2_{it} + \beta_6 PRO_{it} + \beta_7 SELL_{it} + \sum_{t=2}^{T} \beta_t D_t + \varepsilon_{it} \qquad (4\text{-}2)$$

模型变量的设定与公式(4-1)基本一致。

4.2.2 数据说明与统计性描述

本章使用的数据来源于国家统计局中国工业企业普查数据库,该数据库拥有 1996—2009 年 39 个 2 位数制造业的约 30 万家年产值 500 万元以上的微观企业数据。由于针对企业研发投入的

第4章 产权视角下企业创新绩效的影响因素分析

统计集中于2005—2007年,因此本章选取此时期作为样本区间。①

由于统计数据的原因,本章对于企业创新绩效的测算只关注创新的商品化过程,创新绩效的测算是以企业研发经费和企业员工数量为投入、以企业新产品产值为产出的效率值。同时,由于样本的时间区间较短,在创新投入的测算中并未考虑创新资本的累积作用。

此外,基于模型计量回归的要求,本章对样本企业进行了一定的筛选。第一,本章只关注存在研发投入记录的企业。数据库的30多万家样本企业中,大部分企业缺乏对于研发投入的统计,这可能存在两方面的原因:一是企业对于创新的需求较小,没有设立

---

① 2位数制造业及其编码为:06 煤炭开采和洗选业;07 石油和天然气开采业;08 黑色金属矿采选业;09 有色金属矿采选业;10 非金属矿采选业;11 其他采矿业;13 农副食品加工业;14 食品制造业;15 饮料制造业;16 烟草制造业;17 纺织业;18 纺织服装、鞋、帽制造业;19 皮革、毛皮、羽毛(绒)及其制品业;20 木材加工及木、竹、藤、棕、草制品业;21 家具制造业;22 造纸及纸制品业;23 印刷业和记录媒介的复制;24 文教体育用品制造业;25 石油加工、炼焦及核燃料加工业;26 化学原料及化学制品制造业;27 医药制造业;28 化学纤维制造业;29 橡胶制品业;30 塑料制品业;31 非金属矿物制品业;32 黑色金属冶炼及压延加工业;33 有色金属冶炼及压延加工业;34 金属制品业;35 通用设备制造业;36 专用设备制造业;37 交通运输设备制造业;39 电气机械及器材制造业;40 通信设备、计算机及其他电子设备制造业;41 仪器仪表及文化、办公用机械制造业;42 工艺品及其他制造业;43 废弃资源和废旧材料回收加工业;44 电力、热力的生产和供应业;45 燃气生产和供应业;46 水的生产和供应业。

专门的研发部门或划拨专门的研发经费,因此研发投入为0;二是企业没有上报研发经费,因此统计人员直接将该值赋值为0。由于无法区分企业不存在研发投入统计的具体原因,为了剔除统计人员的人为操作对于计量结果的影响,本章剔除了没有或缺乏创新投入产出数据的企业。第二,由于面板数据较横截面数据能更好地控制个体效应,因此为基于面板数据进行研究,本章剔除了未在2005—2007年连续进入统计数据库的企业。第三,本章将数据库中统计数据不完整的企业(诸如企业员工数为0,销售收入为0,新产品产值为0)进行了删除。最终,样本为2005—2007年4 920个企业连续三年的数据统计。

表4.1为变量的表示符号与定义说明。其中,产权结构以企业国有控股的比重或企业注册登记类型表征;行业类型以企业是否属于重工业(HEAVY)或企业的2位数行业代码划分;企业的地理位置划分为东部地区、中部地区、西部地区和东北部地区;企业的年龄表示为样本年份与企业成立年份的差值;资产规模表示为以2005年价格为基准的企业资产总额的对数值;企业利润率表示为企业利润总额与工业总产值的比值;行业壁垒表示为企业的产品销售费用与工业销售产值的比值;主营业务比重表示为主营业务收入与合计营业收入的比值。

第4章 产权视角下企业创新绩效的影响因素分析

表4.1 变量的定义

变量	符号	定义及说明
产权结构	SC	国有控股企业为1,其余企业为0
	SOE	国有企业为1,其余企业为0
	PE	私营企业为1,其余企业为0
	FEE	外商投资企业为1,其余企业为0
	HMT	港澳台商投资企业为1,其余企业为0
产业类型	HEAVY	重工业为1,轻工业为0
地理位置	EAST	东部地区为1,其余为0
	NORTH	东北部地区为1,其余为0
	WEST	西部地区为1,其余为0
企业年龄	AGE	样本年份与企业成立年份的差值
资产规模	SCALE	以2005年价格为基准的企业资产总额的对数值①
企业利润	PRO	利润总额/工业总产值②
行业壁垒	SELL	产品销售费用/工业销售产值③
主营业务	SPE	主营业务收入/合计营业收入④

---

① 资产总额是指企业拥有或控制的能以货币计量的经济资源,包括各种财产、债权和其他权利。资产按其流动性(即资产的变现能力和支付能力)划分为:流动资产、长期投资、固定资产、无形资产、递延资产和其他资产。根据会计"资产负债表"中"资产总额"项的年末数填列。

② 利润总额是指企业在生产经营过程中各种收入扣除各种耗费后的盈余,反映企业在报告期内实现的盈亏总额。根据会计"利润表"中的对应指标本年累计数填列。

③ 工业销售产值(当年价格)是以货币形式表现的、工业企业在本年内销售的本企业生产的工业产品或提供工业性劳务价值的总价值量。

④ 主营业务收入是指企业经营主要业务所取得的收入总额。执行2006年《企业会计准则》的企业,如果未设置该项科目,则以营业收入发生额代替填列。

变量的统计特征如表 4.2 所示。可以看到,按国有控股情况划分,样本企业中非国有控股企业占所有企业的一半以上,达到 68.3%;按企业注册类型划分,则是私营企业的数量最多,占所有样本企业的 24.1%,其余依次是外商投资企业、国有企业、港澳台商投资企业以及集体企业;在企业年龄方面,样本企业的平均成立时间为 16 年;样本企业的利润情况差别巨大,主营业务比重普遍较高;样本企业多数位于东部地区,占总数的 72%;大多数样本企业位于重工业行业,占企业总数的 66.2%。

表 4.2 变量统计特征

变量	观测值	平均值	标准差	最小值	最大值
SC	14 760	0.317276	0.465432	0	1
SOE	14 760	0.079065	0.269849	0	1
COE	14 760	0.008740	0.093081	0	1
PE	14 760	0.240650	0.427493	0	1
FEE	14 760	0.122561	0.327944	0	1
HMT	14 760	0.073984	0.261753	0	1
SCALE	14 760	5.152324	0.791153	2.924279	8.108174
AGE	14 760	16.97256	18.80451	0	407
PRO	14 760	0.052346	0.286890	−23.5640	8.154486
SPE	14 760	0.968830	0.081302	0.047184	1
SELL	14 760	0.060772	0.094915	−0.06721	3.828556
EAST	14 760	0.719919	0.449054	0	1
NORTH	14 760	0.045325	0.208024	0	1
WEST	14 760	0.139634	0.346619	0	1
HEAVY	14 760	0.661992	0.473047	0	1

模型变量的相关性检验如表 4.3 所示。其中,资产规模与企业年龄以及企业处于重工业行业,企业年龄与企业处于重工业行业,企业利润率与企业主营业务以及企业位于东部地区,企业主营业务与行业壁垒之间具有正相关性;而其余变量之间呈现负相关。同时,任何两个变量之间的相关性均不超过 0.3,说明模型变量之间不存在严重的多重共线性,计量回归不会对结果产生严重的影响。

表 4.3 变量的相关性检验

	SCALE	AGE	PRO	SPE	SELL	EAST	HEAVY
SCALE	1						
AGE	0.2828	1					
PRO	−0.0137	−0.0193	1				
SPE	−0.0473	−0.0493	0.0539	1			
SELL	−0.0071	−0.0100	−0.0944	0.0129	1		
EAST	−0.1594	−0.1402	0.0113	−0.0074	−0.0072	1	
HEAVY	0.0640	0.0844	−0.0156	−0.0502	−0.0811	−0.0687	1

4.3 产权结构差异对企业创新绩效的影响

在估计方法方面,由于企业创新绩效的数值存在明显的截取现象,对于面板数据而言,利用固定效应非线性模型通常不可能得到一致的估计值,为了避免数据截取存在的估计偏误,这里我们采用随机效应面板 Tobit 模型。由表 4.4 可知,模型的 Wald 统计量均显著,说明模型的拟合效果很好。

表4.4 产权结构差异对企业创新绩效影响分析的回归结果

变量	(1)	(2)	(3)	(4)	(5)	(6)	(7)	(8)	(9)
SC	-0.008*** (0.002)	-0.007*** (0.002)	-0.007*** (0.002)						
SOE				-0.009*** (0.002)					-0.006*** (0.002)
COE					0.015 (0.012)				0.019 (0.013)
PE						0.0001 (0.002)			0.005** (0.002)
FEE							0.0167*** (0.003)		0.019*** (0.003)
HMT								0.004 (0.003)	0.009** (0.004)
SCALE	0.017*** (0.001)	0.017*** (0.001)	-0.056*** (0.011)	-0.055*** (0.010)	-0.054*** (0.011)	-0.055*** (0.011)	-0.055*** (0.012)	-0.055*** (0.013)	-0.055*** (0.010)
SCALE^2			0.007*** (0.001)	0.007*** (0.001)	0.007*** (0.001)	0.007*** (0.001)	0.007*** (0.001)	0.007*** (0.001)	0.007*** (0.001)
控制行业特征	是	否	否	否	否	否	否	否	否
HEAVY		0.004** (0.002)	0.004** (0.002)	0.004** (0.002)	0.003** (0.001)	0.003*** (0.001)	0.003* (0.002)	0.004** (0.002)	0.004** (0.002)
AGE	-0.001*** (0.000)	-0.001*** (0.000)	-0.001*** (0.000)	-0.001*** (0.000)	-0.001*** (0.000)	-0.001*** (0.000)	-0.001*** (0.000)	-0.001*** (0.000)	-0.001*** (0.000)
PRO	0.004* (0.002)	0.004* (0.002)	0.004* (0.0022)	0.004** (0.001)	0.004* (0.002)	0.004** (0.002)	0.004* (0.002)	0.004* (0.002)	0.004** (0.002)

(续表)

变量	(1)	(2)	(3)	(4)	(5)	(6)	(7)	(8)	(9)
SPE	0.045***	0.044***	0.043***	0.043***	0.043***	0.043***	0.042***	0.043***	0.042***
	(0.008)	(0.007)	(0.007)	(0.006)	(0.006)	(0.005)	(0.006)	(0.006)	(0.007)
SELL	-0.027***	-0.030***	-0.026***	-0.027***	-0.026***	-0.026***	-0.029***	-0.027***	-0.028***
	(0.007)	(0.008)	(0.007)	(0.007)	(0.008)	(0.007)	(0.006)	(0.007)	(0.008)
EAST	0.012***	0.012***	0.012***	0.013***	0.013***	0.013***	0.012***	0.013***	0.011***
	(0.003)	(0.003)	(0.003)	(0.003)	(0.003)	(0.003)	(0.003)	(0.003)	(0.003)
NORTH	0.0006	-0.001	-0.001	-0.002	-0.001	-0.0011	-0.001	-0.001	-0.002
	(0.003)	(0.007)	(0.004)	(0.004)	(0.004)	(0.003)	(0.004)	(0.004)	(0.003)
WEST	-0.006*	-0.007**	-0.006**	-0.006**	-0.006	-0.006**	-0.005*	-0.006*	-0.005
	(0.003)	(0.003)	(0.002)	(0.003)	(0.004)	(0.003)	(0.003)	(0.003)	(0.003)
常数	-0.099***	-0.088***	0.098***	0.096***	0.094***	0.095***	0.098***	0.095***	0.094***
	(0.019)	(0.010)	(0.029)	(0.027)	(0.027)	(0.029)	(0.031)	(0.030)	(0.026)
Wald 统计量		434.21***		438.66***	392.98***	509.63***	652.73***	383.56***	712.83***
样本数	14 760	14 760	14 760	14 760	14 760	14 760	14 760	14 760	14 760
企业数	4 920	4 920	4 920	4 920	4 920	4 920	4 920	4 920	4 920

注：***、**、*分别表示在1%、5%、10%水平下显著；括号内均为稳健标准误，其中面板 Tobit 使用的是 Bootstrap 抽样1 000次计算的标准误；输出结果控制了年度效应。

基于模型(4-1)，以企业商品化阶段的全要素创新效率表征创新绩效，通过对企业产权结构、资产规模、企业的行业特征等变量进行不同的组合，得到的估计结果如表4.4所示。下面重点阐述企业产权结构的差异对于创新绩效的影响。

首先，表4.4的第(1)列将国有控股权纳入考察范围，在控制企业资产规模、行业特征等变量的前提下，可知国有控制权对于企业创新绩效的影响显著为负。其他控制变量中，资产规模、企业利润率、主营业务以及企业位于东部地区等特征对于企业创新绩效的作用显著为正;企业的地理位置位于东北部地区的影响为正,但结果不显著;而企业的年龄、行业壁垒以及企业位于西部地区等特征对企业创新绩效的影响显著为负,说明在样本企业中,除了企业产权结构特征外,企业自身的行业、企业特征同样会对企业的创新绩效产生显著影响,企业的资产规模越大、创建时间越短、利润率越高、主营业务程度越高、行业壁垒越低、企业位于东部发达省份都将有利于企业创新绩效的提高,结论与前文的分析基本一致。

其次,对比表 4.4 的第(1)列与第(2)列,可以发现两列除了产业特征的表征指标发生改变外,其余变量的符号与显著性均不变,这说明无论是以 2 位数表示的行业特征,还是以轻重工业行业表示的行业特征,均是描述企业产业特征的有效指标,计量回归结果不依赖于行业控制变量的选取与设定。产业虚拟变量(企业位于重工业行业)的符号显著为正,说明重工业企业较轻工业企业的创新绩效更高,同样与前文的分析一致。

再次,对比表 4.4 的第(2)列与第(3)列,可以发现在添加了资产规模变量的二次项后,资产规模变量的一、二次项分别显著为负与正,而其余变量的符号与显著性不发生改变。这说明在样本企业中,资产规模与创新绩效的关系的确较为复杂,呈现 U 形曲线

第4章 产权视角下企业创新绩效的影响因素分析

特征,即创新绩效在资产规模较小时较高,伴随资产规模的扩大出现暂时的下降,而当资产规模到达一定程度时,企业的创新绩效再度提升。

最后,由表4.4的第(4)列至第(9)列可以看出,国有产权对于企业创新绩效的影响显著为负,私营产权、外商投资对于企业创新绩效的影响显著为正,集体产权、港澳台商投资对企业创新绩效的影响同样为正,只是回归结果并不显著。在控制行业特征与企业特征后,企业的产权结构差异对于企业创新绩效的影响方式与本书第3章的结论基本一致。

理论上分析,国有企业确实存在一些不利于企业创新绩效提升的影响因素。一方面,国有企业在一定程度上存在所有者缺位问题。企业的领导者作为所有者的代表,其授权是行政任命的(刘伟,2000),加之我国目前缺乏成熟的职业经理人市场以及有效的经理人选择机制与激励监督机制(吴延兵,2008),这使得我国国有企业的科技创新、生产经营决策行为往往具有短期化与粗犷化特征,缺乏对于企业的中长期规划以及对于生产、经营、创新过程的有效监督。另一方面,国有企业大部分处于垄断地位,所处行业存在进入壁垒。我国国有企业改革的一大特色是"抓大放小"(刘伟,1999),目前国有企业普遍规模庞大,部分处于垄断地位,存在

产权视角下的企业创新绩效分析

官僚主义和组织僵化问题,容易出现 X 非效率;特别是部分国有企业所在行业的进入壁垒并非来源于企业的规模经济,而是由行政命令造成的,这使得国有企业可能对提高自身创新绩效动力不足。因此,尽管国家对国有企业采取了诸多科技激励政策,科研资金的划拨也部分向国有企业倾斜,但国有企业在创新领域具有的资金与政策优势并未全部转化为产出,企业创新效率存在较大的提升空间。

与国有企业产权不同,集体企业产权对于创新绩效的影响为正,但并不显著。正如吴延兵(2008)的论述:"集体企业既不是一般而言的私有企业,也不是典型意义上的国有或中央政府所有的企业,这些企业在客观上被认为属于社区所有企业,由县级及以下的乡或镇政府、村级自治组织进行管理。因此,相对于国有企业而言,集体企业的产权由于属于更小范围内的集体所有而非全民所有,其产权的界定相对于国有企业而言更为清晰,权利与责任相对明确,监督和激励机制也较为有效,集体企业进行盲目投资的趋向更小,对于企业创新过程的控制也更为有效。"但是,集体企业产权界定的清晰程度仍有待进一步提高,这也决定了集体企业中企业家的行为同样具有短期化和粗犷化的特征。

与国有企业和集体企业不同,私营企业创新绩效的表现较为优异。受原有计划经济体制的影响,在我国长期以来,人们对私营企业或多或少存在一定的偏见,这也间接导致我国私营企业的发展一直受制于体制的束缚(吴延兵,2008)。然而,私营企业面临的激烈竞争压力,反而使得它们更有动力通过新产品、新技术、新组织形式的创新改善自身劣势、强化自身优势。特别是创新资金的相对紧张,使得私营企业更加注重创新过程的效率提升。加之相对于国有企业与集体企业而言,私营企业具有较为明晰的产权结构,所有权与经营权较为统一、责任与权利相对明确,这些特征都有利于私营企业创新绩效的提升。数据同样显示,近年来,我国民营企业500强自主创新的意识和能力日渐增强。2011年,民营企业500强中有369家企业的关键技术来源于自主研发,占全部企业数量的73.8%;500强企业中,有16家企业获得国家科学技术奖,有74家企业获得省部级科技奖励,有12家企业获得全国工商联科学技术奖;此外,有109家企业牵头制定国际、国家或行业标准,民营企业500强对行业标准的参与度更为广泛。[①]

与私营企业相同,外商投资企业、港澳台商投资企业在创新绩效方面的表现同样较为优异。一部分原因在于这些企业的技术来

---

① "我国民营企业500强自主创新能力显著增强",http://news.sohu.com/20121001/n354246311.shtml,2012-10-2

源于母公司,"研发在内,生产在外",我国内地部分的子企业自身并不依赖于系统的研发投入,大量技术的直接转移与应用使得这些企业的创新绩效普遍较高。但不可否认的是,外资企业与港澳台商投资企业无论是技术还是管理水平,相对于境内公司均具有一定的优势,特别是在产权制度安排以及激励制度安排方面,存在诸多值得境内企业学习和借鉴的地方。

4.4 产权背景下企业创新绩效的影响因素分析

由前文的分析可知,一方面不同产权性质企业的创新绩效差异很大,而另一方面企业的自身特征也会对企业的创新绩效产生显著影响,因此在产权背景下对企业创新绩效的非制度影响因素进行讨论,更具有针对性。本节就是在控制企业产权性质的前提下,讨论企业创新绩效的影响因素。我们将样本企业按不同的产权性质进行分组,以企业的创新绩效为因变量,基于公式(4-2),分别针对全样本企业组、国有企业组、集体企业组以及私营企业组进行计量回归,探讨影响不同产权性质企业创新绩效的非制度因素。

在估计方法方面,由于企业创新绩效数值存在明显的截取现象,对于面板数据而言,固定效应非线性模型通常不可能得到一致的估计值,为了避免数据截取存在的估计偏误,采用随机效应面板 Tobit 模型。由表 4.5 可知,模型的 Wald 统计量均显著,说明模型的拟合效果很好。

表 4.5 不同产权性质企业创新绩效影响因素分析的回归结果

	（1）全样本企业	（2）全样本企业	（3）全样本企业	（4）国有企业	（5）集体企业	（6）私营企业	（7）私营企业
SCALE	0.0163*** (0.0014)	0.0167*** (0.0011)	-0.0547*** (0.0135)	-0.0530** (0.0214)	0.0367* (0.0197)	0.0140*** (0.0026)	-0.0219 (0.0273)
$SCALE^2$			0.0068*** (0.0014)	0.0058*** (0.0019)			0.0036 (0.0029)
AGE	-0.0005*** (0.0000)	-0.0005*** (0.0000)	-0.0005*** (0.0000)	-0.0002* (0.0001)	-0.0012 (0.0014)	-0.0003** (0.0001)	-0.0003** (0.0001)
PRO	0.0043*** (0.0014)	0.0037** (0.0018)	0.0041*** (0.0015)	0.0001 (0.0088)	0.1529 (0.0956)	0.0099* (0.0054)	0.0104* (0.0060)
SPE	0.0453*** (0.0068)	0.0447*** (0.0064)	0.0433*** (0.0063)	0.0336*** (0.0125)	0.0561 (0.0754)	0.0280 (0.0185)	0.0272* (0.0159)
SELL	-0.0272*** (0.0065)	-0.0304*** (0.0061)	-0.0265*** (0.0056)	-0.0145* (0.0087)	-0.2152 (0.2878)	-0.0521*** (0.0206)	-0.0506** (0.0224)
EAST	0.0136*** (0.0029)	0.0127*** (0.0028)	0.0133*** (0.0023)	0.0067 (0.0055)	0.0258 (0.0306)	0.0072 (0.0060)	0.0076 (0.0064)
NORTH	0.0008 (0.0038)	-0.0004 (0.0035)	-0.0011 (0.0036)	-0.0175*** (0.0059)		0.0063 (0.0106)	0.0071 (0.0090)
WEST	-0.0058* (0.0030)	-0.0064** (0.0030)	-0.0055** (0.0028)	-0.0083 (0.0051)	-0.0418 (0.0385)	-0.0006 (0.0069)	-0.0006 (0.0068)

产权视角下的企业创新绩效分析

（续表）

	（1）全样本企业	（2）全样本企业	（3）全样本企业	（4）国有企业	（5）集体企业	（6）私营企业	（7）私营企业
行业特征	是						
HEAVY		0.0030* (0.0016)	0.0033** (0.0014)	−0.0047 (0.0061)	0.0053 (0.0334)	0.0044 (0.0030)	0.0046 (0.0029)
常数	−0.1023*** (0.0160)	−0.0873*** (0.0095)	0.0952*** (0.0360)	0.1185** (0.0555)	−0.1842* (0.1081)	−0.0566** (0.0253)	0.0305 (0.0703)
Wald统计量		552.96***	448.56***	104.76***	10.11	40.82***	74.32***
样本数	14 760	14 760	14 760	1 167	129	3 552	3 552
企业数	4 920	4 920	4 920	389	43	1 184	1 184

注：***、**、*分别表示在1%、5%、10%水平下显著；括号内均为稳健标准误，其中面板 Tobit 使用的是 Bootstrap 抽样 1 000 次计算的标准误；输出结果控制了年度效应。

首先，由表4.5的第(1)列可知，对于全样本而言，在控制行业特征对企业创新绩效的影响后，可以发现企业的资产规模、企业利润率、主营业务以及企业位于东部地区等特征对于企业创新绩效的作用显著为正；地理位置位于东北部地区的影响为正，但结果不显著；而企业的年龄、行业壁垒以及企业位于西部地区等特征对企业创新绩效的影响显著为负。这说明企业自身的行业、企业特征确实会对企业的创新绩效产生显著影响，企业的规模越大、创建时间越短、利润率越高、企业主营业务比重越高、行业壁垒越低、企业位于东部发达省份都将会有利于提高企业的创新绩效。

第4章 产权视角下企业创新绩效的影响因素分析

其次,由表4.5的第(2)列与第(3)列可知,对于全样本企业而言,一是产业虚拟变量(企业位于重工业行业)的符号显著为正,说明重工业企业较轻工业企业而言创新绩效更高;二是在添加了资产规模的二次项后,资产规模变量的一、二次项分别显著为负与正,资产规模与创新绩效的关系较为复杂,呈现U形曲线特征,即创新绩效在资产规模较小时较高,伴随资产规模的扩大出现暂时的下降,而当资产规模到达一定程度时,伴随资产规模的进一步提升,企业的创新绩效再度提高,这也说明垄断企业在创新研发方面的独特优势(Schumpeter,1942)。

最后,对于国有企业而言(表4.5的第(4)列),除了行业特征变量对于企业创新绩效的影响外,其余特征对企业创新绩效的影响与全样本组的结果基本一致,只是显著性与影响程度略有不同。而对于集体企业(表4.5的第(5)列)与私营企业(表4.5的第(6)列与第(7)列)而言,除资产规模特征对于企业创新绩效的影响外,其余特征对于企业创新绩效的影响与全样本组的结果基本一致,只是显著性与影响程度略有不同。在集体企业组与私营企业组中,对于资产规模而言,二次项并不显著[①],但一次项的结果显著

[①] 由于篇幅限制,本书这里并未列出。

为正,这可能是由于集体企业与私营企业的规模普遍相对较小,尚未达到 U 形曲线的拐点。

4.5 结 论

本章运用 2005—2007 年中国 4 920 家规模以上企业的微观数据,基于面板 Tobit 模型,对于产权性质的差异对企业创新绩效的影响以及不同产权性质企业创新绩效的影响因素进行探讨,得到的结论如下:

第一,企业产权制度安排对于企业创新绩效的影响显著。在控制资产规模、行业特征等变量的前提下,可知国有控制权对于企业创新绩效的影响显著为负;按照企业注册类型分析,国有产权对于企业创新绩效的影响同样显著为负,而私营产权、外商投资对于企业创新绩效的影响显著为正,集体产权、港澳台商投资对企业创新绩效的影响同样为正,但回归结果并不显著。在控制行业特征与企业特征后,企业的产权结构差异对于企业创新绩效的影响方式与本书第 3 章的结论基本一致。

第二,企业的行业、企业等层面的非制度特征同样会对企业的创新绩效产生影响,且不同产权性质企业创新绩效影响因素的差异不大。对于全样本而言,在控制行业特征对企业创新绩效的影响后,可以发现资产规模一次项、企业利润率、企业主营业务、企业属于重工业行业以及企业位于东部地区等特征对于企业创新绩效的作用显著为正;地理位置位于东北部地区的影响为正,但结果不显著;而资产规模的二次项、企业年龄、行业壁垒以及企业位于西部地区等特征对企业创新绩效的影响显著为负。这说明企业自身的行业、企业特征确实会对企业的创新绩效产生显著影响,企业的规模越大、创建时间越短、利润率越高、企业主营业务比重越高、行业壁垒越低、企业位于东部发达省份将会有利于提高企业的创新绩效,而资产规模与创新绩效的关系较为复杂,呈现 U 形曲线特征,即创新绩效在资产规模较小时较高,伴随资产规模的扩大出现暂时的下降,而当资产规模到达一定程度时,伴随资产规模的进一步提升,企业的创新绩效会再度提高。对于国有企业而言,除了行业特征变量对于企业创新绩效的影响外,其余特征对企业创新绩效的影响与全样本组的结果基本一致,只是显著性与影响程度略有不同。而对于集体企业与私营企业而言,除资产规模特征对于企业创新绩效的影响外,其余特征对于企业创新绩效的影响与全

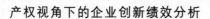

样本组的结果基本一致,资产规模变量的二次项回归结果并不显著,但一次项的回归结果显著为正,这可能与私营企业与集体企业的规模普遍相对较小,尚未达到 U 形曲线的拐点有关。

第5章 产权多元化对企业创新绩效的影响

——以国有企业为例

5.1 引　　言

产权制度安排是企业创新绩效存在差异的重要原因。在我国,国有企业和私营企业的产权制度均不同程度上存在进一步改善的空间。具体而言,国有企业存在所有者缺位问题,而私营企业则表现为"三缘"性(刘伟,2000)。针对上述问题,部分学者提出建立现代企业制度的必要性。所谓现代企业制度,是指"以市场经济为基础,以完善的企业法人制度为主体,以有限责任制度为核心,以公司企业为主要形式,以产权清晰、权责明确、政企分开、管

产权视角下的企业创新绩效分析

理科学为条件的新型企业制度"(杨浩,2004)。其中,产权多元化是现代企业制度建立的重要一环。所谓产权多元化,是指"实现多个投资者而且是不同所有制性质的多个投资者共同出资而形成的企业产权组合"(蓝定香,2009)。理论上分析,合理的股权配置结构能够对企业的创新行为产生积极影响。对于国有企业而言,一方面,个人资本等产权界区较为清晰的股本的引入,可以打破国有资本在国有企业股本结构中的垄断地位,可以优化企业产权结构,形成不同资本之间、股东与经营者之间的制衡机制,有效抑制国有企业"内部人控制"问题(赵礼强等,2005);另一方面,国有企业还可以通过产权多元化吸收和组织更多的社会资本,通过借鉴不同资本的管理经验和技术优势,提高企业自身创新效率,提升企业竞争力。同样,对于私营企业而言,一方面,社会资本的进入有利于打破"三缘"性导致的私营企业产权的封闭状态,使得企业得以拓展经营视野,借鉴先进的经营管理模式和经验;另一方面,社会资本的进入也使得企业得以挣脱资金的束缚,特别是在研发创新方面能够给企业提供有力的支持。

本章正是从实证方面对上述论述进行验证。同时,考虑到国有企业在国家创新体系中具有独特的地位和作用(史本叶和李俊江,2010),本章将以国有企业为例进行实证研究。当然,首先应该说明的是,近年来,我国国有企业在研发创新方面取得了明显的进步,创新积极性高,无论是研发资金投入还是人员投入,均位于所有类型企业的前列。但是,与其他产权性质的企业相比,国有企业并未能将创新投入方面较为明显的优势全部转化为有效产出,在创新绩效方面仍存在较大的上升空间(高歌,2013),而其中国有产权的影响不容忽视(Xu 和 Wang,1999;Sun 和 Tong,2003)。已有的实证研究也有效支撑了上述论断:刘小玄和李利英(2005)的研究发现,个人资本股权的变化与企业的效率水平呈现显著的正相关关系;胡一帆、宋敏和郑红亮(2006)使用世界银行的调查数据,同样证实个人股份较国家股份对企业的生产率具有更大的激励作用。

5.2 模型的构建

本章的研究样本为我国规模以上国有工业企业。

首先,利用 DEA 方法(公式(3-1)至(3-4))计算样本企业的全要素创新效率,以其衡量国有企业的创新绩效,并作为因变量纳入计量模型,重点关注国有企业产权多元化对于企业创新绩效的影响。根据样本的可获得性,创新投入指标定义为样本企业的研发经费支出和年末从业人数,产出指标定义为样本企业的新产品产值。①

指标的具体说明如下:研发经费支出,指企业在报告年度用于开展研发活动的实际支出;企业员工人数,指在本单位工作并取得劳动报酬或收入的年内每月平均拥有的人数;新产品产值,指报告年度企业生产的新产品的产值。其中,新产品是指采用新技术原理、新设计构思研制、生产的全新产品,或在结构、材质、工艺等某一方面比原有产品有明显改进,从而显著提高了产品性能或扩大了使用功能的产品。

其次,构建计量模型。模型中核心的解释变量为国有企业②的

---

① 本章对于变量的定义来自国家统计局中国工业企业普查数据库。
② 国有企业有广义、狭义之分。广义的国有企业是指具有国家资本的企业,可分为三个层次:(1) 纯国有企业。包括国有独资企业、国有独资公司和国有联营企业三种形式,企业的资本全部为国家所有。(2) 国有控股企业。根据国家统计局《关于统计上国有经济控股情况的分类办法》的规定,国有控股包括国有绝对控股和国有相对控股两种形式。国有绝对控股企业是指在企业的全部资本中,国家资本(股本)所占比例大于50%的企业,国有相对控股企业(含协议控制)是指在企业的全部资本中,国家资本(股本)所占的比例虽未大于50%,但相对大于企业中的其他经济成分所占比例的企业(相对控股),或者虽不大于其他经济成分,但根据协议规定,由国家拥有实际控制权的企业(协议控制)。(3) 国有参股企业。这是指具有部分国家资本,但国家不控股的企业。而狭义的国有企业仅指纯国有企业。

产权多元化衡量指标,以国有企业股权资本结构的变化表示,即国家资本、集体资本、法人资本、个人资本、外商资本和港澳台商资本在企业股权资本中比重的改变(天则经济研究所,2011)。① 理论上分析,国有企业产权多元化是指通过对国有企业产权的置换或多元化改造,使得企业中产权关系不明晰的主体逐步退出、产权关系明晰的主体逐步进入的过程(李国荣,2007)。国有企业产权多元化的目标在于使企业的产权划归不同的经济体所有。但在实际操作中,改制后的国有企业往往出现国有股份"一股独大"的现象。据统计,在我国改制后的企业中,国有股和法人股一般占到70%—80%的比例;即便是上市公司,国有股和法人股也占了全部股权的54%(张军,2009),国有股和法人股仍占绝对优势(刘伟,2000)。虽然在某些情况下,股权相对集中可以强化控股股东在企业法人治理结构中的作用,克服信息不对称、搭便车等情况的出现,避免由于股权过于分散导致的"用脚投票"现象(潘秀丽,

---

① 其中,国家资本是指有权代表国家投资的政府部门或机构以国有资产投入企业形成的资本;集体资本是指由本企业劳动群众集体所有和集体企业联合经济组织范围内的劳动群众集体所有的资产投入形成的资本;法人资本是指其他法人单位投入本企业的资本;个人资本是指社会个人或者本企业内部职工以个人合法财产投入企业形成的资本;港澳台商资本是指我国香港、澳门、台湾地区的投资者投入企业的资本;外商资本是指外国投资者投入企业的资本。

2008),但国有企业中国有股份的"一股独大",同样使得企业内部的股东大会、董事会、监事会由国有股股东实际控制,可能导致其他投资者无法通过企业内部的法定组织程序,有效地对企业经营者进行监督;同时,这也为政府干预企业的经营行为提供了可能,使得国有企业的生产经营可能不以营利为目的,反而追求非营利的政府目标(刘磊等,2004)。①

因此,国有企业产权多元化的目标应是在企业中实现不同产权性质资本之间的有效制衡。基于此,本书将国有企业产权多元化的衡量标准定义为企业"建立了控股股东制衡的混合股权结构,即多种所有制性质股权混合的股权结构,并有对控股股东进行制衡的一个或多个大股东"(蓝定香,2012)。实际操作中,由于我国国有企业改制后往往呈现国有股份"一股独大"的问题,股权过于分散的问题极少出现。因此,本书在实证研究中只探讨前一种极端情况,即若国有企业股本结构中存在3种及3种以上不同产权性质的股本,则此时国有企业实现了产权多元化,企业产权多元化指标(OWN)为1,否则为0;同时,以实现产权多元化企业中,除最大股东以外的资本在股本结构中的比重之和表征国有企业产权多

---

① 这一问题在私营企业中同样存在(郎澄,2008)。

元化的质量,则比重之和越高,说明企业产权多元化的质量也越高①,以此检验国有企业产权多元化的深入与否对于企业创新绩效的影响。

除企业的产权多元化指标外,借鉴 Zhang(2001,2002,2003)、吴延兵(2007,2008)、刘小玄和李利英(2005)、胡一帆、宋敏和郑红亮(2006)的研究,其他影响企业创新绩效的非制度因素还有:

(1) 资产规模(SCALE)。为了验证企业资产规模与创新绩效之间是否存在特殊的 U 形曲线关系,本章将企业资产规模的二次项引入模型。

(2) 主营业务(SPE)。本章以企业主营业务收入与营业收入的比值表示企业生产的主营业务比重,比值越高,说明企业的专业化程度越高,企业的自主创新能力越强,认为对于企业的创新绩效也越有利。

(3) 企业负债(DEBT)。以企业负债总额与企业资产总额的比重表示企业进行创新活动的资金约束状况(朱恒鹏,2006;吴延兵,2008)。虽然过高的资金负债在一定程度上会束缚企业创新活动的开展,但它同时也是企业改善生产经营现状的动力(吴延兵,

---

① 这里同样认为我国国有企业产权多元化过程中未出现股本过于分散的极端情况。

2008;高大钢,2008),特别是对于资金相对充裕的国有企业而言(Hu,2001),一定的负债率可能会促使企业更加关注自身创新效率的提升。例如,Grossman 和 Hart(1982)就把债务看成是管理者以股东利益为出发点来约束自己行为的一种激励动机,并认为对于存在负债的公司,债务的增加使得企业破产的可能性增大,而企业破产会使得管理者的声誉受到损害,因此能够激励企业的管理人员更加努力地工作,约束自己的行为。

综合以上的因素,本书关于国有企业产权多元化对企业创新绩效影响分析的计量模型设定如下:

$$IE_{it} = \alpha_0 + \alpha_1 DIVERSE_{it} + \alpha_2 DEBT_{it} + \alpha_3 SCALE_{it} + \alpha_4 SCALE2_{it} + \alpha_5 SPE_{it} + \sum_{t=2}^{T} \alpha_t D_t + \varepsilon_{it} \quad (5\text{-}1)$$

其中,DIVERSE 是国有企业产权多元化的指标,DEBT 表示企业负债,SCALE 表示企业的资产规模,SPE 表示企业的主营业务程度。此外,公式中加入了年度虚拟变量(D),以控制年份变化造成的估计偏误。

5.3　数据说明与统计性描述

本章使用的数据来源于国家统计局中国工业企业普查数据库,该数据库拥有 1996—2009 年 39 个 2 位数制造业的约 30 万家年产值 500 万元以上的微观企业数据。由于针对企业研发投入的统计集中于 2005—2007 年,因此本章选取此时期作为样本区间。

如上文所述,由于统计数据的原因,本章对于企业创新绩效的测算只关注企业创新的商品化过程。其中,创新绩效的测算是以企业研发经费和企业员工数量(年内每月平均拥有的人数)为投入、以企业新产品产值为产出的效率值。同时,由于样本的时间区间较短,在创新投入的测算中我们并未考虑创新资本的累积作用。

此外,基于模型计量回归的要求,本章对样本企业进行了一定的筛选。第一,基于研究的主题,本章只关注注册类型为国有企业的企业数据。第二,本章只关注存在研发投入记录的企业。数据库的样本企业中,大部分企业缺乏对于研发投入的统计,这可能存在两方面的原因:一是企业对于创新的需求较小,没有设立专门的研发部门或划拨专门的研发经费,因此研发投入为0;二是企业没有上报研发经费,因此统计人员直接将该值赋值为0。由于无法区分企业不存在研发投入统计的具体原因,为了剔除统计人员的人为操作对于计量结果的影响,本章剔除了没有或缺乏创新投入产出数据的企业。第三,由于面板数据较横截面数据能更好地控制个体效应,因此为基于面板数据进行研究,本章剔除了未在2005—2007年连续进入统计数据库的企业。第四,本章将数据库中统计数据不完整的企业(诸如企业员工数为0,销售收入为0,新产品产值为0)进行了删除。最终,样本为2005—2007年385个企业连续三年的数据统计。

表5.1为变量的表示符号与定义说明。

表5.1 变量的定义

变量	符号	定义及说明
产权多元化	DIVERSE	若样本企业股本结构中含有3种及3种以上不同产权性质的资本,则企业产权多元化的指标(OWN)为1,否则为0
		以实现产权多元化企业中,除最大股东以外的资本在股本结构中的比重之和表征国有企业产权多元化的质量
企业负债	DEBT	负债总额/资产总额
资产规模	SCALE	以2005年价格为基准的企业资产总额的对数值
主营业务	SPE	主营业务收入/合计营业收入

变量的统计特征如表 5.2 所示。可以看到,若以本章假定的产权多元化指标衡量样本企业的产权多元化进程,则样本中仅有少数国有企业实现了本章定义的产权多元化。

表 5.2 变量统计特征

变量	观测值	平均值	标准差
DIVERSE	1 155	0.046429	0.210537
SCALE	1 155	5.340969	0.761619
DEBT	1 155	0.660244	0.33818
SPE	1 155	0.957504	0.092223

最后,模型变量的相关性检验如表 5.3 所示。可以发现,任何两个变量之间的相关性均不超过 0.3,说明模型变量之间不存在严重的多重共线性,计量回归不会对结果产生严重的影响。

表 5.3 变量的相关性检验

	SCALE	DEBT	SPE	DIVERSE
SCALE	1			
DEBT	-0.0716	1		
SPE	0.0113	0.0223	1	
DIVERSE	0.0651	-0.0192	0.029	1

5.4 国有企业产权多元化对企业创新绩效的影响

在估计方法方面,由于国有企业创新绩效的数值存在明显的截取现象,对于面板数据而言,利用固定效应非线性模型通常不可能得到一致的估计值,为了避免数据截取存在的估计偏误,这里我们采用随机效应面板 Tobit 模型。由表 5.4 可知,模型的 Wald 统计量均显著,说明模型的拟合效果很好。

表 5.4 产权多元化对国有企业创新绩效影响的回归结果

变量	(1)	(2)	(3)	(4)
DIVERSE	0.021^* (0.013)	0.021^* (0.013)	0.098^* (0.057)	0.091^* (0.053)
SCALE	0.087^{***} (0.013)	-0.169 (0.124)	0.092^{***} (0.017)	
$SCALE^2$		0.024^{**} (0.012)		0.021^{**} (0.010)

(续表)

变量	(1)	(2)	(3)	(4)
DEBT	0.030	0.029**	0.036**	0.034*
	(0.020)	(0.012)	(0.016)	(0.020)
SPE	0.070	0.078	0.069	0.076
	(0.057)	(0.048)	(0.049)	(0.056)
常数	-0.456***	0.223	-0.486***	0.124
	(0.089)	(0.328)	(0.110)	(0.288)
Wald 统计量	71.79***	63.11***	46.65***	72.75***
样本数	1 155	1 155	1 155	1 155
企业数	385	385	385	385

注：***、**、* 分别表示在1%、5%、10%水平下显著；括号内均为稳健标准误，其中面板 Tobit 使用的是 Bootstrap 抽样1 000次计算的标准误；输出结果控制了年度效应。

首先，由表5.4的第(1)、(2)列可以发现，国有企业的产权多元化有利于企业创新绩效的提升，回归结果显著。此结论也与部分学者的研究成果具有相似之处，例如刘小玄(2000,2004)、陆挺和刘小玄(2005)就分别基于企业层面和产业层面的数据展开实证研究，结果均证实国有企业的产权改革和民营化方向有利于国有企业效率的提升，国退民进的改制方向与企业效率提高的方向相一致(刘小玄和李利英，2005)；而曾庆生和陈信元(2006)的研究则从人力资本的角度进行了进一步阐释，认为推进我国上市公司的产权多元化改革和避免国家直接控股，将有利于减少国有控股企业的超额雇员,从而间接促进国有企业效率的提高。不仅对于我国的国有企业,产权多元化对于国外的国有企业而言,同样具有显著影响。例如,英国从20世纪80年代开始,对本国的国有企业进行了大规模且比较成功的产权多元化改革,截至1989年5月,英国45%的国有企业完成了私有化改造,而对石油、通信、航空等战略产业,则在保证政府在所有股东中占有控股地位的基础上,尽可能实现企业的产权多元化改造(田新霞,2006);同样在德国,产权多元化也极大地提高了本地国有企业的生产经营能力,如德国邮政公司1992年的营业收入仅为113亿欧元,1990年的利润更是亏损7.2亿欧元,但自2000年上市后,其2001年营业收入和税前利润分别增加到334亿欧元和26亿欧元("推进国有大中型企业产权多元化改革"课题组,2003)。

其次,表5.4的第(3)、(4)列衡量了国有企业产权多元化的质量对企业创新绩效的影响,进一步证实国有企业产权多元化确实是提升企业创新绩效的可行道路之一。计量结果显示,伴随国有企业产权多元化的不断深入,企业的创新绩效随之显著提升。这说明在国有企业股本结构中不同产权性质的资本之间股权比例的平衡,有效避免了"一股独大"的出现以及由此可能带来的权利寻租问题,有利于不同的股东充分发挥自身话语权,进而有利于企业内部不同产权性质资本之间制衡局面的实现,有效地平衡企业的内部管理、企业监督等经济行为。具体而言,对于"关系国家安全和国民经济命脉的重要行业和关键领域"中的大型或特大型企业,改革应主要集中于如何使这些企业真正地接受市场规则的硬约束,如何解决政企分离、公司治理等内在制度性问题,以及如何构建合理的市场结构,使它们面临充分的市场竞争(刘伟,2012);而对于其余的国有企业,则应注重国有产权比重的切实降低,真正实现国有企业的产权多元化,形成不同投资者相互制衡的产权结构,为企业的制度创新和机制转换奠定基础(金碚和蓝定香,2004)。

表5.5的统计结果间接验证了公式(5-1)的结论。由表可知,2005年实现产权多元化的企业中,2006年度平均研发经费由2005年度的1 010万元人民币下降至86万元人民币,下降幅度为91.45%,而平均新产品产值却由2005年度的13 447万元上升至2006年度的14 469万元,增长7.60%;与之相比,未实现产权多元化的企业中,虽然平均新产品产值同样实现增长,由2005年度的26 711万元人民币增长至2006年度的31 915万元人民币,增幅为19.49%,高于同期实现产权多元化企业的平均水平,但其平均研发经费却也随之增长,由2005年度的1 078万元人民币增长

至 2006 年度的 1 129 万元人民币。这一结论在 2006 年表现得更为明显,2006 年实现产权多元化的企业中,2007 年度平均研发经费由 2006 年度的 703 万元人民币下降至 216 万元人民币,下降幅度为 69.25%,而平均新产品产值却由 2006 年度的 21 363 万元上升至 2007 年度的 38 595 万元,增幅达 80.66%;与之相比,未实现产权多元化的企业中,虽然平均研发经费由 2006 年度的 1 135 万元人民币增长至 2007 年度的 1 282 万元人民币,但平均新产品产值也仅由 2006 年度的 32 065 万元人民币增长至 2007 年度的 38 375 万元人民币,增幅"仅"为 19.68%。

表 5.5　国有企业产权多元化对创新投入与产出的影响

	平均研发经费		平均新产品产值	
	实现产权多元化的企业	未实现产权多元化的企业	实现产权多元化的企业	未实现产权多元化的企业
2005 年	1 010 万元	1 078 万元	13 447 万元	26 711 万元
2006 年	86 万元	1 129 万元	14 469 万元	31 915 万元
增长率	-91.45%	4.66%	7.60%	19.49%
2006 年	703 万元	1 135 万元	21 363 万元	32 065 万元
2007 年	216 万元	1 282 万元	38 595 万元	38 375 万元
增长率	-69.25%	12.96%	80.66%	19.68%

5.5 英国和德国国有企业改革的启示

英国大规模的国有企业改革起始于20世纪80年代,存在两方面的原因:一方面,国有企业的资产经营状况迫使政府将国有企业改革纳入考量。20世纪70年代以前,英国国有企业保持了较高的生产效率和较为优良的财务状况。例如,1963—1964年,英国邮政局、国家煤炭局、电力委员会、煤气委员会和欧洲航空公司等国有企业的资产收益率分别为7.8%、6.7%、12.4%、9.7%和8.3%,基本达到了企业的预期目标。但这一势头在20世纪60年代末期发生了转变,除极个别处于市场需求增长较快行业的国有企业外,其余企业的业绩表现大幅下滑,1968—1978年,电力委员会、英国铁路、国家煤炭局和英国炼铁公司等国有企业的全要素生产率平均增长0.7%、1.6%、-2.4%和-1.3%,与之前形成较为明显的反差。而在经济效率下滑的同时,国有企业在经营、组织、管理等方面的缺陷开始逐渐显现。① 另一方面,政治氛围的变化也促使大规模国有企业改革成为可能。1979年,以撒切尔为首的英国保守党开始执政,与之前工党的执政理念相反,在撒切尔大刀阔斧的改革下,英国国有企业与政府的关系发生了根本性变化,特别是自1983年撒切尔连任首相以来,英国国有企业改革的进程明显加快(张美娟,1993)。

英国国有企业改革的历程大致可以分为三个阶段。第一阶段是1979—1983年,期间英国政府开始出卖手中国有企业的股份,英国国有企业开始逐步实现民营化。例如,在此阶段,英国政府在英国石油公司持有的股份比重由51%下降至31.7%,在英国航天公司持有的股份比重由100%下降至49.4%,比重下降显著。第二阶段是1983—1990年,期间英国国有企业改革的进程加速,大量国有企业被转卖或实现股份多元化改造。例如,1983—1984年,英国国有企业有11.42亿英镑的资产被转让,而这一数字在之后几年不断提升,1984—1990年,被转让的国有企业资产分别为21.32亿英镑、20.02亿英镑、44.03亿英镑、51.61亿英镑、60亿英镑和50亿英镑,截至20世纪90年代初,国有企业在英国生产

---

① 此部分数据来源于李洪:《英国国有企业的效率低吗》[J],《世界经济》,1990年第11期:40—44。

总值中的比重已由1979年的10.5%下降至6%。① 第三阶段是1990年至今,国有企业改革的步伐一发不可收拾,改革的重点则集中于股权结构的优化和企业内外部的有效整合。2013年上半年,英国电信集团、英国天然气公司和英国石油公司的股权结构与改革之前形成鲜明对比,在企业前十大股东中,大部分为融资公司、保险公司和银行等,英国政府所持股份极低(见表5.6)。同时,企业股权的多元化特征十分显著,最大股东的股份持有量亦不超过10%。通过一系列的国有企业改革,英国政府一方面收获了发展所必需的资金,减轻了政府的压力,另一方面通过出台配套政策,进一步鼓励投资、刺激生产、减少干预、鼓励竞争,激活了社会资本的活力,企业的生产经营状况焕然一新。截至2010年7月,仅有英国核能公司、英国皇家邮政集团、英国能源公司、皇家铸币厂、苏格兰自来水公司等为数不多的国有企业,且主要集中于关系国计民生的社会服务性行业。

---

① 此部分数据来源于张美娟:《80年代英国国有企业的民营化》[J],《唯实》,1993年第8、9期合刊:49—50。

产权视角下的企业创新绩效分析

表5.6 2013年上半年英国部分企业股东情况

英国电信集团		英国天然气公司		英国石油公司	
股东名称	股份(%)	股东名称	股份(%)	股东名称	股份(%)
景顺集团	9.88	贝莱德集团	7.61	贝莱德集团	5.46
永恒投资管理服务公司	6.01	挪威央行投资管理机构	4.59	美国资本集团公司	3.93
贝莱德集团	4.86	英国法通保险公司	3.00	英国法通保险公司	3.00
英国法通保险公司	3.80	美国先锋集团	2.89	苏格兰寡妇基金公司	2.70
英国电信集团	3.34	美国资本集团公司	2.69	挪威央行投资管理机构	2.33
创立德资产管理	2.15	苏格兰寡妇基金公司	2.63	挪威银行	2.28
苏格兰寡妇基金公司	2.09	美国富达投资集团	2.35	瑞士联合银行集团	1.95
英国标准人寿保险公司	1.92	美国道富集团	1.74	富兰克林资源公司	1.95
挪威银行	1.86	中国政府	1.69	美国道富集团	1.86
美国富达投资集团	1.81	安盛保险集团	1.49	中国政府	1.80

数据来源：彭博数据库。

德国的国有企业改革可以分为联邦德国和民主德国两个地区进行考察。对于联邦德国而言，第二次世界大战后，为了迅速恢复经济，政府在经济领域实行了国家垄断，建立起包括铁路、邮政、通信、汽车、航空在内的支撑当时经济命脉的基础性产业,为经济的腾飞奠定了基础(古继宝和徐鸣,2005)。但与此同时,政府干预企业经济行为带来的弊端也逐步显现。基于上述原因,联邦德国政府开始推行大规模的国有企业改革,试图改变政府与企业之间的关系,将政府与企业进行剥离,从而使得企业可以进入市场参与竞争。首先是对处于汽车、航空、矿产等竞争性行业的国有企业进行改造,使得政府力量逐步从行业中退出;紧接着进一步扩大国有企业改革范围,将重点集中于通信、邮政、铁路等社会服务领域,旨在使这些企业在为社会提供优良服务的同时,提高效率,减少国家负担(张东明,2013)。具体做法在于通过出售政府股份,实现国有企业的股权多元化,使国有企业置于众多股东的有效监督之下(古继宝和徐鸣,2005)。对于民主德国而言,则是在实施类似于联邦德国国有企业改造的一系列步骤之前,针对企业设备落后、效益低下的现状,首先成立"托管局",在利用"托管"的形式对国有企业进行注资改造后,再进行一系列的股份制改造(刘建军,2003)。

改革后,德国国有企业的组织形式以股份制企业为主,从股权结构上,企业以法人持股为主,其中最大的股东是融资公司、保险公司和银行等,同时通过法规制定和职工购买本公司股票等形式,

产权视角下的企业创新绩效分析

使得职工参与企业重大问题的决策(古继宝和徐鸣,2005)。由表 5.7 可以看到,2013 年上半年,德国电信集团和德国邮政集团的前十大股东中,大部分为融资公司、保险公司和银行等,尽管与英国相比,政府所持股份的比例有所提高,但企业股权的多元化特征仍较为明显。

表 5.7 2013 年上半年德国部分企业股东情况

德国电信集团		德国邮政集团	
股东名称	股份(%)	股东名称	股份(%)
复兴信贷银行	16.50	复兴信贷银行	24.89
德国政府	14.56	贝莱德集团	2.59
贝莱德集团	5.69	德意志银行	1.82
黑石集团	4.31	挪威银行	1.79
挪威银行	1.53	美国先锋集团	1.03
美国先锋集团	0.71	技匠合伙控股有限公司	0.84
安大略教师养老金计划委员会	0.62	联合投资有限公司	0.75
德意志银行	0.62	安联资产管理公司	0.64
纽约银行梅隆公司	0.60	富达基金母公司	0.60
DEKA 投资公司	0.31	DEKA 投资公司	0.54

数据来源:彭博数据库。

总的来说,英国和德国的国有企业改革的重要特征是通过政府出让股权实现企业的股权多元化改造。当然,国有企业的改革没有统一的标准,必须依据现实国情,紧密联系历史背景和社会发展现状,找到适合各自国家的道路,这也需要我国学界、政府、国有企业自身不断的摸索。

5.6 结 论

本章以国有企业为例,分析了产权多元化对于企业创新绩效的影响,运用2005—2007年中国385家规模以上企业的微观数据,基于面板Tobit模型,在界定国有企业产权多元化指标的基础上,将国有企业创新绩效的评价与企业产权多元化的进程相结合。得到结论证实,国有企业的产权多元化改革确实有利于企业创新绩效的提升,同时伴随国有企业产权多元化的不断深入,国有企业的创新绩效随之提高。

企业产权多元化,具体而言就是优化企业产权结构,积极发展国有资本、集体资本、非公有资本相互融合的混合所有制经济。产权多元化作为国有企业改革的有效途径之一,就是优化企业产权结构,使企业的产权归于不同的经济个体所有,打破国有资本在国有企业股本结构中的垄断地位,形成国有产权和其他产权你中有我、我中有你的竞争与合作局面(李国荣,2007),从而为国有企业改革注入新的活力。从制度方面,通过引入不同产权性质的股本,国有企业优化了自身产权结构,实现了不同产权性质的股本之间的相互制约与平衡,从而能够监督企业经济行为,有效提升国有企业的创新活力和综合竞争力;从技术方面,产权多元化有利于国有企业明晰自身的产权界区,提高自身技术创新和经营管理效率,建立健全国有资产管理体制。对单位企业而言,国有资本在产权多元化结构中的比重有所下降,但从整体来看,国有资本总量有效增长,可最终实现国有资本的保值增值。推进企业产权多元化改革,将在提高国有企业创新绩效活力和国有经济整体竞争力、增强国有经济控制力和影响力的同时,促进国有经济与其他所有制经济共同繁荣,实现我国经济社会全面协调可持续发展。

第6章 结论与建议

6.1 结 论

本书通过对企业创新相关文献的梳理,发现关于企业创新绩效的实证研究大致存在以下几个特点:一是已有研究广泛地采用创新投入密度或创新产出能力表征企业创新绩效,但较少涉及全要素创新效率的测算与比较,且应用主要集中于行业或区域层面;二是已有研究大多是在西方学者研究成果的基础上进行的,由于西方发达国家较为明晰的产权制度安排、成熟的市场经济制度和完善的法律制度环境,使得学者们往往将研究的重点集中于企业规模、市场力量、技术机会等非制度因素对创新行为的影响,较少关注不同产权性质企业创新绩效的差异;三是已有研究通常将企业的创新过程看作一个多投入、多产出的"黑箱",较少深入剖析

产权视角下的企业创新绩效分析

企业创新的具体流程;四是尽管已有研究大多认为目前我国国有企业的创新绩效同其他产权性质的企业相比仍存在较大的差距,但对于如何有针对性地提高国有企业的创新效率,较少进行深入的探讨。本书针对上述问题进行了一定的拓展研究。

本书的主要结论如下:

(1)通过对近年来我国特别是大中型企业科技创新各项指标进行分析,发现近年来,我国对科技创新的重视程度逐渐增强,企业特别是大中型企业已逐渐成为我国建设科技创新体系的主力。

(2)通过分析我们看到,产权制度安排确实会对企业的创新绩效产生显著的影响。其中,尽管创新投入的积极程度较高,但国有企业与集体企业无论是全过程创新效率,还是分阶段的知识创造效率和知识商品化效率,均具有提升空间,与效率前沿面存在差距;对于私营企业,尽管其创新投入偏低,但全过程创新效率与知识创造效率却表现较为优异,说明我国私营企业较为重视企业知识创造能力的提高,但知识商品化效率相对偏低,也说明知识商业转化的能力有待进一步加强;而外商投资企业与港澳台商投资企业的创新效率测算结果与私营企业恰好相反,知识商品化阶段是其企业创新活动中的优势环节,这可能与此类企业"研发环节在内,生产环节在外"的经营策略密切相关,同时也反映出我国在全球经济中"制造工厂"地位转变的必要性。

（3）行业特征与企业特征确实会对企业的创新绩效产生影响，且不同产权性质企业创新绩效的影响因素差异不大。对于全样本而言，在控制行业特征对企业创新绩效的影响后，可以发现企业的规模越大、创建时间越短、利润率越高、主营业务比重越高、行业壁垒越低、企业位于东部发达省份将会有利于提高企业的创新绩效。而资产规模与创新绩效的关系较为复杂，呈现U形曲线特征，即创新绩效在资产规模较小时较高，伴随资产规模的扩大出现暂时的下降，而当资产规模到达一定程度后，企业的创新绩效再度提升。对于国有企业而言，除了行业特征变量对企业创新绩效的影响外，其余特征对企业创新绩效的影响与全样本组的结果基本一致，只是显著性与影响程度略有不同。而对于集体企业与私营企业而言，除资产规模特征对于企业创新绩效的影响外，其余特征对于企业创新绩效的影响与全样本组的结果基本一致，只是资产规模二次项变量的回归结果不显著，这可能与私营企业和集体企业的规模普遍相对较小，未达到二次曲线拐点有关。

（4）国有企业的产权多元化，是通过多个投资者而且是不同所有制性质的多个投资者的共同出资，实现国有企业产权归于不同的经济个体共有。本书特别针对目前我国国有企业改制后出现的国有股权"一股独大"的现象,将国有企业产权多元化的衡量标准定义为企业"建立了控股股东制衡的混合股权结构,即多种所有制性质股权混合的股权结构,并有对控股股东进行制衡的一个或多个大股东"。实证检验的结果表明,国有企业的产权多元化改革确实有利于企业创新绩效的提升,同时伴随国有企业产权多元化的不断深入,国有企业的创新绩效随之显著提升。通过分析可以看出,产权多元化有利于国有企业明晰自身的产权界区,提高自身技术创新和经营管理效率,建立健全国有资产管理体制。对单位企业而言,国有资本在产权多元化结构中的比重有所下降,但从整体来看,国有资本总量有效增长,可最终实现国有资本的保值增值。推进企业产权多元化改革,将在提高国有企业创新绩效活力和国有经济整体竞争力、增强国有经济控制力和影响力的同时,促进国有经济与其他所有制经济共同繁荣,实现我国经济社会全面协调可持续发展。

6.2 政策建议

对于国有企业而言,我们应清醒地认识到,现阶段我国的国有企业改革仍处于攻坚阶段。首先,国有企业改革面临的诸多矛盾是体制性的,即市场经济所要求的市场中的企业必须具有单纯的经济性质和清晰的产权界区与国有企业普遍存在的政企不分和权责失衡之间存在矛盾(刘伟,2000)。正如前文所述,如果说这种矛盾在英国、德国等市场经济程度更高的国家依然存在,那么在我国,这种矛盾就表现得更为复杂和急迫。其次,大型国企特别是中央企业的产权改革依然滞后,有的大型国企即便进行了股份制改造,但国有股"一股独大"的现象仍比较突出[①],国家资本在企业股本结构中的比重偏高。同时,尽管法人资本在企业股本结构中的比重呈较快的上升趋势,但这些法人资本中很大一部分仍是国有

---

① 依照本书第5章的数据,2007年,中央国有企业仅有58.9%实现了产权多元化改革。

产权视角下的企业创新绩效分析

或国有控股的企业法人①,即国有法人。这就要求我们在国有企业下一步的改革中,一是要在思想上明确,在我国,国有企业的非国有制改造并非私有化,应注重其他非国有的公有制经济的发展,继续坚持国有企业改革路径,大力发展国有资本、集体资本和非公有制资本相互融合的混合所有制经济;二是瞄准国有企业的行业定位,加快不同行业国有企业的分步分类改制,使国有企业逐步退出普通竞争性行业,在实现投资主体多元化的同时,实现经营机制市场化;三是更加注重产权界区的界定与企业权责的统一(高良谋和胡国栋,2011),进一步完善外部市场条件特别是证券市场的建设,使得外部市场可以更为有效地约束企业行为;四是加大力度培养规范、成熟的经理人市场,注重企业管理者企业家精神的培养,以有效的制度管理约束企业家个人特征对于企业创新政策制定的负面影响;五是建立完善长效的激励机制,使得企业管理者和员工受益与企业经营发展目标有效挂钩,形成与市场机制相适应的合理分配制度;六是继续推进国有企业特别是大中型国有企业的产权多元化改革,在实现加快进程的同时,注重质量的提高,确保不同产权性质的股本均能够根据投资额的多少享有相应的收益权和决

---

① 依照本书第 5 章的数据,2007 年,在实现产权多元化的国有企业中,有 50.45% 的企业实收资本 100% 由法人资本占据。

策权,充分发挥各股本的潜能,共同促进企业的健康发展(国家经贸委"推进国有大型企业股份制改革"课题组,2003),在提升国有企业绩效的同时,实现国有资本伴随企业成长在总量上的提高,完成国有资本保值增值的目标。

对于私营企业而言,应当看到自改革开放以来,我国国有经济与私营经济的相互比重关系发生了深刻的变化。截至2010年年底,我国登记注册的个体工商户超过3 400万户,注册资金超过1.3万亿元,从业总人数超过1.8亿人,在GDP总量中的贡献率约占25%。[①] 然而,尽管我国私营企业的产权界区较国有企业而言更为清晰,但我国许多私营资本并不是完全意义上的私营资本,无论是在法律形式上,还是在产权结果上,都具有许多非私有的痕迹,即在产权主体上具有"三缘"性以及产权界区在家族成员之间、企业与当地政府之间、企业合伙人之间具有模糊性(刘伟,2000)。下一步私营企业的产权制度改革,重要的是为私营企业寻求真正关心企业长远发展和价值增值的利益主体,这就需要私营企业在政府为企业创造必要的直接融资制度、疏通间接融资渠道、平等保护私营产权不受侵害的同时,注重自身产权制度的建设和

---

① 上述数据来源于刘伟(2012:69)。

完善。

对于外商投资和港澳台商投资企业而言,知识商品化阶段是其企业创新活动中的优势环节,这与此类企业"研发环节在内,生产环节在外"的发展策略息息相关。因此,对于外商投资和港澳台商投资企业而言,我们应在吸引和鼓励其设立数量更多、质量更高的研发机构的同时,将工作重心转移到促进跨国公司研发机构的知识溢出和技术转化上(张瑜和张诚,2011),应充分发挥此类企业在创新过程中的优势和带动作用,积极为我国创新体系的建设贡献力量。

6.3 不足与展望

本书在实证研究方面做了大量工作,但限于文章的篇幅,仍有许多问题需要进一步探讨。

一是通过研究我们发现,我国企业知识商品化阶段的创新绩效较低,创新全过程前后两个阶段的不协调是大多数企业整体创新绩效低下的关键。因此,对我国企业创新过程的各阶段进行更为深入的分析,特别是找到影响企业知识商品化阶段的关键因素,是我们下一步研究的重点。

二是本书重点是对不同产权性质企业的创新绩效及其影响因素,以及国有企业产权多元化对于创新绩效的影响进行分析,限于篇幅未对企业产权优化配置问题进行更为深入的探讨。产权优化配置是企业产权管理的重要内容,不同性质产权在不同企业、不同行业之间的优化配置,对于我国市场经济的完善、企业创新绩效的提高以及企业价值的提升,都具有重要的作用,这有待今后更加深入的分析。

三是本书的实证研究仅在产权视角下对企业的创新绩效进行了分析,未涉及企业的人力资本研究。尽管人力资本不是企业获得创新绩效的充分条件,但却与企业创新绩效的实现息息相关。国内外学者对于此领域的分析尚处于起步阶段,将此领域的研究与我国特殊产权制度安排相结合,将进一步丰富企业创新领域研究的成果。

参 考 书 目

中文文献：

安维复:《从国家创新体系看现代科学技术革命》[J],《中国社会科学》,2000年第5期:100—113。

白俊红、江可申、李婧:《中国地区研发创新的相对效率与全要素生产率增长分解》[J],《数量经济技术经济研究》,2009年第3期:139—151。

白俊红、李婧:《政府R&D资助与企业技术创新——基于效率视角的实证分析》[J],《金融研究》,2011年第6期:181—193。

察志敏、杜希双、关晓静:《我国工业企业创新能力评价方法及实证研究》[J],《统计研究》,2009年第3期:12—16。

陈林、朱卫平:《创新、市场结构与行政进入壁垒——基于中国工业企业数据的熊彼特假说实证检验》[J],《经济学(季刊)》,第10卷第2期:653—674。

陈国宏、郭烃:《我国FDI、知识产权保护与自主创新能力关系实证研究》[J],《中国工业经济》,2008年第4期:25—33。

陈凯华、官建成、寇明婷:《中国高技术产业"高产出、低效益"的症结与对策研究——基于技术创新效率角度的探索》[J],《管理评论》,2012年第4期:

53—66。

陈玉娥、杨宇:《从美国的国有企业经营看中国的国有企业改革》[J],《工业技术经济》,2004年第2期:25—27。

池仁勇:《企业技术创新效率及其影响因素研究》[J],《数量经济技术经济研究》,2006年第8期:105—108。

邓可斌、丁重:《中国为什么缺乏创造性破坏?——基于上市公司特质信息的经验证据》[J],《经济研究》,2010年第6期:66—79。

董雪兵、王争:《R&D风险、创新环境与软件最优专利期限研究》[J],《经济研究》,2007年第9期:112—120。

董辅礽:《国有企业如何"脱困"》[J],《经济研究参考》,1999年第5期:23—25。

杜志雄、苑鹏、包宗顺:《乡镇企业产权改革、所有制结构及职工参与问题研究》[J],《管理世界》,2004年第1期:82—98。

范承泽、胡一帆、郑红亮:《FDI对国内企业技术创新影响的理论与实证研究》[J],《经济研究》,2008年第1期:89—102。

樊纲:《渐进之路》[M],北京:中国社会科学出版社,1993。

冯巨章:《产权、管理与企业绩效》[J],《中国工业经济》,2003年第5期:55—62。

冯根福、刘军虎、徐志霖:《中国工业部门研发效率及其影响因素实证分析》[J],《中国工业经济》,2006年第11期:46—51。

冯宗宪、王青、侯晓辉：《政府投入、市场化程度与中国工业企业的技术创新效率》[J]，《数量经济技术经济研究》，2011年第4期：3—8。

高歌：《产权视角下企业创新绩效的测算与比较》[J]，《商业时代》，2013年第8期：87—89。

高歌：《企业创新绩效与产权性质》[J]，《商业研究》，2013年第5期：20—25。

高良谋、胡国栋：《管理移植与创新的演化分析——基于鞍钢宪法的研究》，《中国工业经济》，2011年第11期：129—138。

高大钢：《偿债能力指标存在通用标准吗？——来自沪、深股市的经验证据》[J]，《经济问题》，2010年第8期：111—118。

古继宝、徐鸣：《德国国有企业改革及启示》[J]，《行政论坛》，2005年第3期：77—79。

官建成：《企业制造能力与创新绩效的关系研究：一些中国的实证发现》[J]，《科研管理》，2004年第9期：78—84。

官建成、陈凯华：《我国高技术产业技术创新效率的测度》[J]，《数量经济技术经济研究》，2009年第10期：19—33。

官建成、何颖：《科学—技术—经济的联结与创新绩效的国际比较研究》[J]，《管理科学学报》，2009年第10期：61—77。

官建成、刘建妍：《产品竞争的源泉——技术和组织的集成创新》[J]，《中国机械工程》，2005年第5期：332—337。

郭国峰、温军伟、孙保营:《技术创新能力的影响因素分析——基于中部六省面板数据的实证研究》[J],《数量经济技术经济研究》,2007年第9期:134—143。

国家经贸委"推进国有大型企业股份制改革"课题组:《国有大中型企业产权多元化改革研究》[J],《中国特色社会主义研究》,2003年第2期:39—44。

谷书堂:《社会主义市场经济理论研究》[M],北京:中国审计出版社,2001。

韩朝华:《明晰产权与规范政府》[J],《经济研究》,2003年第2期:18—27。

胡峰:《我国国有企业产权制度改革的思考》[J],《长春市委党校学报》,2002年第5期:29—31。

胡一帆、宋敏、郑红亮:《所有制结构改革对中国企业绩效的影响》[J],《中国社会科学》,2006年第4期:50—65。

胡一帆、宋敏、张俊喜:《中国国有企业民营化绩效研究》[J],《经济研究》,2006年第7期:49—60。

黄少安:《关于产权问题的几点商榷》[J],《经济纵横》,1992年第6期:4—6。

蒋殿春、夏良科:《外商直接投资对中国高技术产业技术创新作用的经验分析》[J],《世界经济》,2005年第8期:3—11。

金碚、蓝定香:《西部地区国有企业产权多元化问题研究》[J],《中国工业经济》,2004年第12期:5—11。

科斯:《社会成本》[C],载《企业、市场与法律》,上海:上海三联书店,1990。

科斯:《企业的性质》[C],载《企业、市场与法律》,上海:上海三联书店,1990。

蓝定香:《大型国有企业产权多元化研究——基于股权控制力耗散视角》[D],西南财经大学,2009。

蓝定香等:《大型国企产权多元化改革研究》[M],北京:人民出版社,2012。

郎澄:《民营上市公司"一股独大"现象及影响分析》[J],《理论界》,2008年第2期:72—73。

李洪:《英国国有企业的效率低吗》[J],《世界经济》,1990年第11期:40—44。

李国荣:《大型国有企业产权多元化问题研究》[D],华中科技大学,2007。

李明义、段胜辉:《现代产权经济学》[M],北京:知识产权出版社,2008。

李焰、秦义虎、张肖飞:《企业产权、管理者背景特征与投资效率》[J],《管理世界》,2011年第1期:135—144。

李平、崔喜君、刘建:《中国自主创新中研发资本投入产出绩效分析——兼论人力资本和知识产权保护的影响》[J],《中国社会科学》,2007年第2期:32—44。

李平、王春晖:《异质企业假定下政府研发资助效应的非线性检验》[J],《世界经济文汇》,2011年第2期:103—121。

李平、随洪光:《三种自主创新能力与技术进步:基于DEA方法的经验研究》[J],《世界经济》,2008年第2期:74—83。

李春涛、宋敏:《中国制造业企业的创新活动:所有制和CEO激励的作用》[J],《经济研究》,2010年第5期:55—67。

厉以宁:《论新公有制企业》[J],《经济研究》,2004年第1期:17—20。

厉以宁:《创新创意离不开制度条件》[N],网易财经,2012-01-08。

梁莱歆、张焕凤、袁艺:《基于DEA的企业R&D有效性研究》[J],《科研管理》,第27卷第6期:68—74。

林毅夫、蔡昉、李周:《现代企业制度的内涵与国有企业改革方向》[J],《经济研究》,1997年第3期:3—10。

林兆木、范恒山:《建立健全现代产权制度》[M],载《中共中央关于完善社会主义市场经济体制若干问题的决定辅导读本》,北京:人民出版社,2003。

刘磊、刘益、黄燕:《国有股比例、经营者选择及冗员间关系的经验证据与国有企业的治理失效》[J],《管理世界》,2004年第6期:97—106。

刘芍佳、李骥:《超产权论与企业绩效》[J],《经济研究》,1998年第8期:3—12。

刘世锦:《公有制经济内在矛盾及其解决方式比较》[J],《经济研究》,1991年第1期:3—9。

刘建军:《国外国企改革经验综述及对我国国企改革启示》[J],《当代财经》,2003年8期:82—85。

刘降斌、李艳梅:《区域科技型中小企业自主创新金融支持体系研究——基于面板数据单位根和协整的分析》[J],《金融研究》,2008年第12期：193—206。

刘汉民：《所有制、制度环境与公司治理效率》[J],《经济研究》,2002年第6期：63—69。

刘小玄：《中国工业企业的所有制结构对效率差异的影响》[J],《经济研究》,2000年第2期：17—27。

刘小玄：《民营化改制对中国产业效率的效果分析》[J],《经济研究》,2004年第8期：16—26。

刘小玄：《产权改制对于企业效率影响的实证分析》[J],《科学决策》,2005年第7期：58—59。

刘小玄、吴延兵：《企业生产率增长及来源：创新还是需求拉动》[J],《经济研究》,2009年第7期：45—54。

刘小玄、李利英：《企业产权变革的效率分析》[J],《中国社会科学》,2005年第2期：4—17。

刘伟、李风圣：《产权范畴的理论分歧及其对我国改革的特殊意义》[J],《经济研究》,1997年第1期：3—11。

刘伟、李风圣：《产权通论》[M],北京：北京出版社,1998。

刘伟：《国有企业改革与所有制结构调整》[J],《国际经济评论》,1999年第1—2期：34—37。

刘伟：《产权缺陷与伦理冲突》[J],《经济理论与经济管理》,2000年第3

期:5—10。

刘伟:《经济改革与发展的产权制度解释》[M],北京:首都经济贸易大学出版社,2000。

刘伟:《激励所有者与激励经营者》[J],《理论前沿》,2000年第9期:3—5。

刘伟:《中国的私营资本》[M],北京:中国经济出版社,2000。

刘伟:《经济学教程——中国经济分析(第二版)》[M],北京:北京大学出版社,2012。

刘伟、平新乔:《所有权、产权、经营权》[J],《经济理论与经济管理》[J],1988年第5期:9—14。

刘伟、平新乔:《现代西方产权理论与企业行为分析》[J],《经济研究》,1989年第1期:3—12。

刘云、孙岚:《关于国防科技工业发展创新型产业的若干思考》[J],《国防技术基础》,2006年第9期:4—6。

刘元春:《国有企业的"效率悖论"及其深层次的解释》[J],《中国工业经济》,2001年第7期:31—39。

陆挺、刘小玄:《企业改制模式和改制绩效经济研究》[J],2005年第6期:94—103。

陆国庆:《中国中小板上市公司产业创新的绩效研究》[J],《经济研究》,2011年第2期:138—148。

吕一博、苏敬勤:《基于创新过程的中小企业创新能力评价研究》[J],《管理学报》,2009 年第 3 期:331—337。

马小勇、官建成:《企业知识管理与知识管理审计》[J],《科研管理》,2001年第 4 期:85—91。

聂辉华、谭松涛、王宇锋:《创新、企业规模和市场竞争:基于中国企业层面的面板数据分析》[J],《世界经济》,2008 年第 7 期:57—66。

倪力亚:《美国科技成果转化的几个特点》[J],《中国软科学》,1996 年第 3 期:77—81。

潘秀丽:《企业控制权配置与经营者业绩评价》[J],《中央财经大学学报》,2008 年第 1 期:49—53。

平新乔、刘伟:《本世纪以来西方产权理论的演变》[J],《管理世界》,1988年第 8 期:192—204。

平新乔等:《外国直接投资对中国企业的溢出效应分析:来自中国第一次全国经济普查数据的报告》[J],《世界经济》,2007 年第 8 期:3—13。

史本叶、李俊江:《提高国有企业创新能力:基于国家创新体系的视角》[J],《经济社会体制比较》,2010 年第 6 期:182—188。

史修松、赵曙东、吴福象:《中国区域创新效率及其空间差异研究》[J],《数量经济技术经济研究》,2009 年第 3 期:45—55。

孙杨、许承明、夏锐:《研发资金投入渠道的差异对科技创新的影响分析——基于偏最小二乘法的实证研究》[J],《金融研究》,2009 年第 9 期:165—174。

天则经济研究所:《国有企业的性质、表现与改革》[R],2011年4月12日。

田新霞、马章山:《英国国有企业民营化改革及对中国的启示》[J],《经济管理》,2006年第6期:91—93。

"推进国有大中型企业产权多元化改革"课题组:《国有大中型企业产权多元化改革研究报告》[J],《中国工业经济》,2003年第7期:11—18。

温军、冯根福:《异质机构、企业性质与自主创新》[J],《经济研究》,2012年第3期:53—64。

王俊:《政府R&D资助与企业R&D投入的产出效率比较》[J],《数量经济技术经济研究》,2011年第6期:93—107。

王钦:《技术范式、学习机制与集群创新能力——来自浙江玉环水暖阀门产业集群的证据》[J],《中国工业经济》,2011年第10期:141—150。

王元龙、盛晨:《商业银行国有资本保值增值问题研究》[J],《武汉金融》,2009年第10期:4—8。

汪淼军、张维迎、周黎安:《信息化、组织行为与组织绩效:基于浙江企业的实证研究》[J],《管理世界》,2007年第4期:96—86。

魏楚、黄文若、沈满红:《环境敏感性生产率研究综述》[J],《世界经济》,2011年第5期:136—160。

吴易风:《马克思的产权理论与国有企业产权改革》[J],《中国社会科学》,1995年第1期:4—24。

吴延兵:《市场结构、产权结构与R&D——中国制造业的实证分析》[J],

《统计研究》,2007年第5期:67—75。

吴延兵:《R&D与生产率——基于中国制造业的实证研究》[J],《经济研究》,2006年第11期:60—71。

吴延兵:《自主研发、技术引进与生产率——基于中国地区工业的实证研究》[J],《经济研究》,2008年第8期:51—64。

吴延兵:《创新的决定因素——基于中国制造业的实证研究》[J],《世界经济文汇》,2008年第2期:46—58。

吴延兵:《中国哪种所有制类型企业最具创新性?》[J],《世界经济》,2012年第6期:3—29。

吴延兵、米增渝:《创新、模仿与企业效率——来自制造业非国有企业的经验证据》[J],《中国社会科学》,2011年第4期:77—95。

万广华、范蓓蕾、陆铭:《解析中国创新能力的不平等:基于回归的分解方法》[J],《世界经济》,2010年第2期:3—14。

项本武:《技术创新绩效实证研究新进展项》[J],《经济学动态》,2009年第5期:103—108。

邢斐、张建华:《外商技术转移对我国自主研发的影响》[J],《经济研究》,2009年第6期:94—104。

徐毅、张二震:《FDI、外包与技术创新:基于投入产出表数据的经验研究》[J],《世界经济》,2008年第9期:41—48。

徐克:《英国公司法改革》[J],《经济导刊》,2005年第1期:73—74。

严成樑、龚六堂:《熊彼特增长理论:一个文献综述》[J],《经济学(季刊)》,2009年第3期:1163—1196。

杨秋宝:《产权和企业产权制度》[M],载《中国改革20年经济理论前沿问题》,济南:济南出版社,1999。

杨浩:《现代企业理论与运行》[M],上海财经大学出版社,2004。

姚洋:《非国有经济成分对我国工业企业技术效率的影响》[J],《经济研究》,1998年第12期:29—35。

姚洋:《"中国奇迹"的动力来自体制创新》[J],《检察风云》,2012年第12期:4—5。

姚洋、章奇:《中国工业企业技术效率分析》[J],《经济研究》,2001年第10期:13—21。

伊特韦尔:《新帕尔格雷夫经济学大辞典》[M],北京:经济科学出版社,1996。

岳福斌:《现代产权制度研究》[M],北京:中央编译出版社,2007。

俞立平:《企业性质与创新效率——基于国家大中型工业企业的研究》[J],《数量经济技术经济研究》,2007年第5期:108—115。

曾庆生、陈信元:《国家控股、超额雇员与劳动力成本》[J],《经济研究》,2006年第5期:74—86。

詹宇波、刘荣华、刘畅:《中国内资企业的技术创新是如何实现的?——来自大中型工业企业的省级面板证据》[J],《世界经济文汇》,2010年第1期:

50—63。

张东明:《德国国有企业改革的启示与借鉴》[J],《财政研究》,2013年第1期:76—79。

张维迎、马捷:《恶性竞争的产权基础》[J],《经济研究》,1999年第6期:11—20。

张维迎:《所有制、治理结构及委托—代理关系——兼评崔之元和周其仁的一些观点》[J],《经济研究》,1996年第9期:3—15。

张维迎:《产权安排与企业内部的权力斗争》[J],《经济研究》,2000年第6期:41—50。

张五常:《企业制度与市场组织》[M],北京:人民出版社,1996。

张敏、姜付秀:《机构投资者、企业产权与薪酬契约》[J],《世界经济》,2010年第8期:43—58。

张美娟:《80年代英国国有企业的民营化》[J],《唯实》,1993年第8、9期合刊:49—50。

张杰、刘志彪、郑江淮:《中国制造业企业创新活动的关键影响因素研究——基于江苏省制造业企业问卷的分析》[J],《管理世界》,2007年第6期:64—74。

张杰、周晓艳、李勇:《要素市场扭曲抑制了中国企业R&D?》[J],《经济研究》,2011年第8期:78—91。

张杰、李克、刘志彪:《市场化转型与企业生产效率——中国的经验研究》

[J],《经济学(季刊)》,第 10 卷第 2 期:571—602。

张军:《对国有企业实施股份制改造中股权结构问题的探讨》[J],《经济与管理研究》,2009 年第 4 期:91—93。

张海洋:《中国省际工业全要素 R&D 效率和影响因素:1999—2007》[J],《经济学(季刊)》,第 9 卷第 3 期:1029—1050。

张海洋、史晋川:《中国省际工业新产品技术效率研究》[J],《经济研究》,2011 年第 1 期:83—96。

张瑜、张诚:《跨国企业在华研发活动对我国企业创新的影响——基于我国制造业行业的实证研究》[J],《金融研究》,2011 年第 11 期:139—152。

张宗益、张宗益、周勇、钱灿、赖德林:《基于 SFA 模型的我国区域技术创新效率的实证研究》[J],《中国软科学》,2006 年第 2 期:125—128。

朱恒鹏:《企业规模、市场力量与民营企业创新行为》[J],《世界经济》,2006 年第 12 期:41—53。

庄子银:《知识产权、市场结构、模仿和创新》[J],《经济研究》,2009 年第 11 期:95—104。

赵世勇、陈其广:《产权改革模式与企业技术效率》[J],《经济研究》,2007 年第 11 期:71—81。

赵礼强、徐家旺、徐娴英:《国有企业股权多元化过程中国有股退出机制研究》[J],《商业研究》,2005 年第 9 期:81—83。

周学:《论股份制企业的产权结构及其发展趋势——兼论我国股份制改革

何以成效不显著》[J],《管理世界》,1997年第1期:116—126。

周黎安、罗凯:《企业规模与创新:来自中国省级水平的经验证据》[J],《经济学(季刊)》,2005年第3期:623—638。

周亚红、贺小丹、沈瑶,《中国工业企业自主创新的影响因素和产出绩效研究》[J],《经济研究》,2012年第5期:107—119。

英文文献:

Afriat, S. N., "Efficiency Estimation of Production Functions" [J], *International Economic Review*, 1972(13): 568—598.

Aghion, P., P. Howitt, "A Model of Growth Through Creative Destruction" [J], NBER Working Paper, 1990, No. 3223.

Aghion, P., P. Howitt, "Capital, Innovation, and Growth Accounting" [J], *Oxford Review of Economic Policy*, 2007, 23(1): 79—93.

Aghion, P., J. Van Reenen, L. Zingales, "Innovation and Institutional Ownership" [J], NBER Working Paper, 2009, No. 14769.

Akiyama, T., Y. Furukawa, "Intellectual Property Rights and Appropriability of Innovation" [J], *Economics Letters*, 2009, 103: 138—141.

Atkinson, A. B., J. E. Stiglitz, "Lectures on Public Economics" [C], McGraw-Hill Book Co., London and New York, 1980.

Barker III, V. L., G. C. Mueller, "CEO Characteristics and Firm R&D Spending" [J], *Management Science*, 2002, 48(6): 782—801.

Balkin, D. B., G. D. Markman, L. R. Gomez-Mejia, "Is CEO Pay in High-Technology Firms Related to Innovation?" [J], *The Academy of Management Journal*, 2000, 43(6): 1118—1129.

Braga, H., L. Willmore, "Technological Imports and Technological Effort: An Analysis of their Determinants in Brazilian Firms" [J], *Journal of Industrial Economics*, 1991, 39 (4): 421—432.

Bound, J., C. Cummins, Z. Griliches, B. H. Hall, A. Jaffe, "Who Does R&D and Who Patents", in R&D, Patents and Productivity Griliches, Z. (ed.), [M]Chicago: University of Chicago Press, 1984.

Brenner, M. S., B. M. Rushton, "Sales Growth and R&D in the Chemistry Industry," [J], *Research-Technology Management*, 1898, 3—4: 8—15.

Buyl, T., C. Boone, W. Hendriks, P. Matthyssens, "Top Management Team Functional Diversity and Firm Performance: The Moderating Role of CEO Characteristics" [J], *Journal of Management Studies*, 2011, 48(1): 151—177.

Castellani, D., A. Zanfei, "Innovation, Foreign Ownership and Multinationality: An Empirical Analysis on Italian Manufacturing Firms", First Draft, October 2003.

Chen, H. L., W. T. Hsu, Y. S. Huang, "Top Management Team Characteristics, R&D Investment and Capital Structure in the IT Industry" [J], *Small Business*

Economics, 2010, 35:319—333.

Chen, Y. M., T. Puttitenun, "Intellectual Property Rights and Innovation in Developing Countries" [J], *Journal of Development Economics*, 2005, 78: 474—493.

Chen, C. T., M. H. Lin, "Using DEA to Evaluate R&D Performance in the Integrated Semiconductor Firms-Case Study of Taiwan" [J], *International Journal of the Computer, the Internet and Management*, 2006, 14(3): 50—59.

Chen, C. T., C. F. Chien, M. H. Lin, J. T. Wang, "Using DEA to Evaluate R&D Performance of the Computers and Peripherals Firms in Taiwan" [J], *International Journal of Business*, 2004, 9(4): 347—360.

Cheng, S. J., "R&D Expenditures and CEO Compensation" [J], *The Accounting Review*, 2004, 79(2): 305—328.

Cheng, S., "Managerial Entrenchment and Loss-Shielding in Executive Compensation" [J], University of Michigan Working Paper, 2005.

Cherchye, L., P. Vanden Abeele, "On Research Efficiency: A Micro-Analysis of Dutch University Research in Economics and Business Management" [J], *Research Policy*, 2005, 34: 495—516.

Coe, D. T., E. Helpman, A. W. Hoffmaister, "North-South R&D Spillovers" [J], *The Economic Journal*, 1997, 107: 134—149.

Coelli, T. J., D. S. Prasada Rao, J. Christopher, O. Donnel, G. E. Battese,

"An Introduction to Efficiency and Productivity Analysis" [M], Second Edition, Springer Science Business Media, Inc, 2005.

Coelli, T. J., "A Guide to DEAP Version 2.1: A Data Envelopment Analysis (Computer) Program" [C], CEPA Working Paper 1996/08, Department of Econometrics, University of New England, Armidale.

Cohen, W. M., D. A. Levinthal, "Innovation and Learning: The Two Faces of R&D" [J], *The Economic Journal*, 1989, 99: 569—596.

Commons, J., "Law and Economics" [J], *Yale Law Journal*, 1925, 34: 371—382.

Commons, J., "Institutional Economics" [M], Madison: University of Wisconsin Press, 1934.

Crespo, J., C. Martin, F. J. Velazquez, "International Technology Diffusion through Imports and Its Impact on Economic Growth" [J], European Economy Group Working Paper, 2002, No. 12.

Daellenbach, U. S., A. M. McCarthy, T. S. Schoenecker, "Commitment to Innovation: The Impact of Top Management Team Characteristics" [J], *R&D Management*, 1999, 29(3).

Dechow, P. M., R. G. Sloan, A. P. Sweeney, "Causes and Consequences of Earnings Manipulation: An Analysis of Firms Subject to Enforcement Actions by the SEC" [J], *Contemporary Accounting Research*, 1996, 13: 1—36.

产权视角下的企业创新绩效分析

Diaz-Balteiro, L., A. C. Herruzo, M. Martinez, J. González-Pachón, "An Analysis of Productive Efficiency and Innovation Activity Using DEA: An Application to Spain's Wood-Based Industry" [J], *Forest Policy and Economics*, 2006, 8(7): 762—773.

Dosi, G., C. Freeman, R. Nelson, G. Silverberg, L. Soete, "Technical Change and Economic Theory" [M], Pinter Publishers, London, 1988.

Eng, L. L., M. Shackell, "The Implications of Long-Term Performance Plans and Institutional Ownership for Firms' Research and Development (R&D) Investments" [J], *Journal of Accounting Auditing and Finance*, 2001, 16(2): 117—139.

Engelbrecht, Hans-Jürgen, "International R&D Spillovers, Human Capital and Productivity in OECD Economies: An Empirical Investigation" [J], *European Economic Review*, 1997, 41(8): 1479—1488.

Fare, R., S. Grosskopf, J. Logan, "The Relative Efficiency of Illinois Electric Utilities" [J], *Resources and Energy*, 1983, 5: 349—367.

Fare, R., C. A. K. Lovell, "Measuring the Technical Efficiency of Production" [J], *Journal of Ecnomic Theory*, 1978(19): 150—162.

Farrell, M. J., "The Measurement of Production Efficiency" [J], *Journal of Royal Statistical Society*, 1957, 120: 253—281.

Frantzen, D., "The Causality between R&D and Productivity in Manufacturing:

An International Disaggregate Panel Data Study"[J], *International Review of Applied Economics*, 2003, 17(2): 125—146.

Fritsch M., V. Slavtchev, "What Determines the Efficiency of Regional Innovation Systems?"[J], Jena Economic Research Papers, 2007, No. 006.

Fritsch M., V. Slavtchev, "How does Industry Specialization Affect the Efficiency of Regional Innovation Systems?"[J], *Ann Reg Sci*, 2010, 45:87—108.

Furukawa, Y., "The Protection of Intellectual Property Rights and Endogenous Growth: Is Stronger always Better"[J], *Journal of Economic Dynamics and Control*, 2007, 31(11): 3644—3670.

Furukawa Y., "Intellectual Property Protection and Innovation: An Inverted-U Relationship"[J], *Economics Letters*, 2010, 109: 99—101.

Gangopadhyay, K., D. Mondal, "Does Stronger Protection of Intellectual Property Stimulate Innovation?"[J], *Economics Letters*, 2012, 116: 80—82.

Galbraith, J. K., "American Capitalism: The Concept of Countervailing Power"[M], Boston: Houghton Mifflin, 1952.

Galbraith, J. K., "American Capitalism"[M], Revised Edition, Boston: Houghton Mifflin, 1956.

Globerman, S., "Market Structure and R&D in Canadian Manufacturing Industries"[J], *Quarterly Review of Economics and Business*, 1973, 13 (2): 59—67.

Gould, D. M., W. C. Gruben, "The Role of Intellectual Property Rights in

Economic Growth"[J], *Journal of Economic Development*, 1996, 48(2): 323—350.

Graves, S. B., "Institutional Ownership and Corporate R&D in the Computer Industry"[J], *Academy of Management Journal*, 1988, 30: 51—70.

Griliches, Z., "R&D and the Productivity Slowdown"[J], *American Economic Review*, Papers and Proceedings, 1980, 70(2): 343—348.

Griliches, Z., "Returns to Research and Development Expenditures in the Private Sector", in New Developments in Productivity Measurement and Analysis[M], John Kendrick and Beatrice Vaccara (ed.), The University of Chicago Press, 1980: 419—461.

Griliches, Z., J. Mairesse, "R&D and Productivity Growth: Comparing Japanese and U. S. Manufacturing Firms", in Productivity Growth in Japan and the US [M], Charles Hulten (ed.), University of Chicago Press, Chicago, 1990: 317—340.

Griffith, R., S. Redding, J. Van Reenen, "Mapping the Two Faces of R&D" [J], *Review of Economics and Statistics*, 2004, 86(4): 868—882.

Griffith, R., S. Redding, J. Van Reenen, "Mapping Two Faces of R&D: Productivity Growth in a Panel of OECD Industries"[J], *The Review of Economics and Statistics*, 2000, 86(4): 883—895.

Grossman, G., E. Helpman, "Innovation and Growth in the Global Economy"

[M], Cambridge, MA: MIT Press, 1991.

Grossman, S. J., H. Oliver, "Corporate Financial Structure and Managerial Incentives: The Economics of Information and Uncertainty" [M], Chicago: University of Chicago Press, 1982.

Guan. J. C., K. Chen, "Modeling the Relative Efficiency of National Innovation Systems" [J], *Research Policy*, 2012, 41: 102—115.

Guelle, D., B. Van Pottelsberghe de la Potterie, "R&D and Productivity Growth: Panel Data Analysis of 16 OECD Countries" [J], OECD/DSTI Working Paper, 2001.

Hansen, G. S., C. W. L. Hill, "Are Institutional Investors Myopic: A Time-Series Study of Four Technology Driven Industries" [J], *Strategic Management Journal*, 1991, 12: 1—16.

Hall, B. H., F. Lotti, J. Mairesse, "Innovation and Productivity in SEMs: Empirical Evidence for Italy" [J], NBER Working Paper, 2008, No. 14594.

Hayes, R. H., W. J. Abernathy, "Managing our Way to Economic Decline" [J], *Harvard Business Review*, 1980, 8(4): 67—77.

Hashimotoa, A., S. Hanedab, "Measuring the Change in R&D Efficiency of the Japanese Pharmaceutical Industry" [J], *Research Policy*, 2008, 10:1829—1836.

Helpman, E., "R&D and Productivity: The International Connection" [J], NBRE Working Paper, 1997, No. 6106.

Hiroyuki, O., J. X. Zhang, "Ownership Structure and R&D Investment of Japanese Start-up Firms" [J], CEI Working Paper Series, No. 2006.

Howitt, P., "Steady Endogenous Growth with Population and R&D Inputs Growing" [J], Journal of Political Economy, 1999, 107(5): 715—730.

Honjo, Y., H. Shoko, "R&D Evaluation of Japanese Pharmaceutical Firms Using DEA" [J], Journal of Science Policy and Research Management, 1998, 13(1—2): 96—105.

Hu, A. G., "Ownership, Government R&D, Private R&D, and Productivity in Chinese Industry" [J], Journal of Comparative Economics, 2001, 29: 136—157.

Hu, A., G. Z., G. H. Jefferson, Q. Jinchang, "R&D and Technology Transfer: Firm-Level Evidence from Chinese Industry" [J], Review of Economics and Statistics, 2005, 87(4): 780—786.

Kanwar, S., "Business Enterprise R&D, Technological Change and Intellectual Property Protection" [J], Economics Letters, 2007, 96: 120—126.

Kim, H., P. M. Lee, "Ownership Structure and the Relationship between Financial Slack and R&D Investments: Evidence from Korean Firms" [J], Organization Science, 2008, 19(3): 404—418.

Kor, Y. Y., "Direct and Interaction Effects of Top Management Team and Board Compositions on R&D Investment Strategy" [J], Strategic Management Journal, 2006, 27: 1081—1099.

Korhonen, P. , R. Tainio, J. Wallenius, "Value Efficiency Analysis of Academic Research" [J], *European Journal of Operational Research*, 2001, 130: 121—132.

Lai, E. , "International Intellectual Property Rights Protection and the Rate of Product Innovation" [J], *Journal of Development Economics*, 1998, 55(1): 133—153.

Lee, C. , "A New Perspective on Industry R&D and Market Structure" [J], *Journal of Industrial Economics*, 2005, 53(1): 101—122.

Lee H. Y. , Y. T. Park, "An International Comparison of R&D Efficiency: DEA Approach" [J], *Asian Journal of Technology Innovation*, 2005, 13(2): 207—222.

Lee, P. M. , O'Neil H. M. , "Ownership Structures and R&D Investments of US and Japanese Firms: Agency and Stewardship Perceptivities" [J], Forthcoming in the *Academy of Management Journal*, Special Research Forum, 2001.

Lichtenberg, F. , B. Van Pottelsberghe, "International R&D Spillovers: A Reexamination", NBER Working Paper, 1996, No. 5668.

Lloyd-Ellis, H. , J. Roberts, "Twin Engines of Growth: Skills and Technology as Equal Partners in Balanced Growth" [J], *Journal of Economic Growth*, 2002, 7(2): 87—115.

Lu, Y. H. , C. C. Shen, C. T. Ting, C. H. Wang, "Research and Development in Productivity Measurement: An Empirical Investigation of the High Technology Industry" [J], *African Journal of Business Management*, 2010, 4(13): 2871—2884.

Lundvall, B. A., "Innovation System Research. Where It Came from and Where It might Go", Working Paper Series, 2007, No. 01.

Makri, M., P. J. Lane, L. R. Gomez-Mejia, "CEO Incentives, Innovation, and Performance in Technology-Intensive Firms: A Reconciliation of Outcome and Behavior-Based Incentive Schemes" [J], *Strategic Management Journal*, 2006, 27: 1057—1080.

Morbey, G. K. "R&D: Its Relationship to Company Performance" [J], *Journal of Product Innovation Management*, 1988, 5 (3): 191—200.

Jefferson, G., B. Huamao, X. J. Guan, Y. X. Yu, "R&D Performance in Chinese Industry" [J], *Economics of Innovation and New Technology*, 2006, 15 (4—5): 345—366.

Jones, C., "R&D Based Models of Economic Growth" [J], *Journal of Political Economy*, 1995, 103(4): 759—784.

Jones, C., "Growth with or without Scale Effects" [J], *American Economic Review*, 1999, 89 (2): 139—144.

Kwan, F., E. Lai, "Intellectual Property Rights and Endogenous Economic Growth" [J], *Journal of Economic Dynamics and Control*, 2003, 27(5): 853—

873.

Madsen, J., "Semi-endogenous versus Schumpeterian Growth Models: Testing the Knowledge Production Function Using International Data" [J], *Journal of Economic Growth*, 2008, 13(1): 1—26.

Mansfield, E., "Composition of R&D Expenditures: Relationship to Size of Firm, Concentration, and Innovative Output" [J], *The Review of Economics and Statistics*, 1981, 63(4): 610—615.

Mansfield, E., "Industrial R&D in Japan and the United States: A Comparative Study" [J], *American Economic Review*, Papers and Proceedings, 1988, 78(2), 223—228.

McCalman, P., "Reaping What You Sow: An Empirical Analysis of International Patent Harmonization" [J], *Journal of International Economics*, 2001, 55(1): 161—186.

Nasierowski, W., F. J. Arcelus, "On the Efficiency of National Innovation Systems" [J], *Social Economic Planning Sciences*, 2003, 37: 215—234.

Nelson, R., "National Innovation Systems: A Comparative Analysis" [M], Oxford University Press, New York, 2003.

Ortega-Argilés, R., R. Moreno, J. S. Caralt, "Ownership Structure and Innovation: Is There a Real Link?" [J], *Ann Reg Sci*, 2005, 39:637—662.

Pakes, A., Z. Griliches, "Patents and R&D at the Firm Level: A First Look, in R&D, Patents and Productivity", Zvi Griliches (ed), The University of Chicago Press, 1984: 55—72.

Philips, A., "Patents, Potential Competition and Technical Progress" [J], *American Economic Review*, 1966, 56 (1—2): 301—310.

Porter, M. E., "The Competitive Advantage of Nations" [J], *Harvard Business Review*, 1990(5—6): 73—89.

Romer, P., "Endogenous Technological Change" [J], *Journal of Political Economy*, 1990, 98 (5): 71—102.

Schumpeter, J., "The Business Cycle" [M], London: Cambridge University Press, 1939.

Schumpeter, J., "The Theory of Economic Development: An Inquiry into Profits, Capital, Credit, Interest, and the Business Cycle" [M], Cambridge, Mass., Harvard University Press, 1934.

Schumpeter, J., "Capitalism, Socialism and Democracy" [M], New York: Harper Press, 1942.

Schneider, P. H., "International Trade, Economic Growth and Intellectual Property Rights: A Panel Data Study of Developed and Developing Countries" [J], *Journal of Development Economics*, 2005, 78: 529—547.

Segerstrom, P., "Endogenous Growth without Scale Effect" [J], *American Economic Review*, 1998, 88 (5): 1290—1310.

Siegel, D. S. , P. Westhead, M. Wright, "Assessing the Impact of University Science Parks on Research Productivity: Exploratory Firm-Level Evidence from the United Kingdom, International" [J], *Journal of Industrial Organization*, 2003, 21 (9): 1357—1369.

Srinivasan, A. P. , "Multi-nationality and Firm Performance: The Moderating Role of R&D and Marketing Capabilities" [J], *Journal of International Business Studies*, 2002, 33 (1): 79—97.

Subbanarasimha, P. N. , S. Ahmad, S. N. Mallya, "Technological Knowledge and Firm Performance of Pharmaceutical Firms" [J], *Journal of Intellectual Capital*, 2003, 4(1): 20—33.

Sun, Q. , W. Tong, "China Share Issue Privatization: The Extent of Its Success" [J], *Journal of Financial Economics*, 2003, 70: 183—222.

Thong, J. Y. L. , C. S. Yap, "CEO Characteristics, Organizational Characteristics and Information Technology Adoption in Small Businesses" [J], *Management Science*, 1995, 23(4): 429—442.

Trajtenberg, M. , "Product Innovations, Price Indices and the Measurement of Economic Performance" [J], NBER Working Paper, 1990, No. 3261.

Ulku, H. , "R&D, Invention and Growth: Evidence from Four Manufacturing Sectors in OECD Countries" [J], *Oxford Economic Papers*, 2007, 59 (3): 513—536.

Ulku, H., "R&D, Invention and Output: Evidence from OECD and Non-OECD Countries" [J], *Applied Economics*, 2007, 39(3): 291—307.

Villard, H. H., "Competition, Oligopoly, and Research" [J], *Journal of Political Economy*, 1958, 66(6): 483—497.

Wang, E. C., W. C. Huang, "Relative Efficiency of R&D Activities: A Cross-Country Study Accounting for Environmental Factors in the DEA Approach" [J], *Research Policy*, 2007, 36: 260—273.

Wallin, C. C., J. J. Gilman, "Determining Optimum Level for R&D Spending" [J], *R&D Management*, 1986, 29 (5): 19—24.

Wilson, R., "The Effect of Technological Environment and Product Rivalry on R&D Effort and Licensing of Inventions" [J], *Review of Economics and Statistics*, 1977, 59 (2): 171—178.

Xu, X. N., Y. Wang, "Ownership Structure, Corporate Governance, and Corporate Performance: The Case of Chinese Stock Companies" [J], *China Economic Review*, 1999(10): 75—98.

Zachariadis, M., "R&D, Innovation and Technological Progress: A Test of Schumpeterian Growth without Scale Effects" [J], *Canadian Journal of Economics*, 2003, 36(3): 566—586.

Zachariadis, M., "R&D Induced Growth in the OECD" [J], *Review of Development Economics*, 2004, 8(3): 423—439.

Zahra, S. A., "Governance, Ownership, and Corporate Entrepreneurship: The Moderating Inpact of Industry Technological Opportunities" [J], *Academy of Management Journal*, 1996, 39(6): 1713—1735.

Zhang, A. M., Y. M. Zhang, R. Zhao, "Impact of Ownership and Competition on the Productivity of Chinese Enterprises" [J], *Journal of Comparative Economics*, 2001, 29: 327—346.

Zhang, A. M., Y. M. Zhang, R. Zhao, "A Study of the R&D Efficiency and Productivity of Chinese Firms" [J], *Journal of Comparative Economics*, 2003, 31: 444—464.

Zhang, A. M., R. Zhao, "Profitability and Productivity of Chinese Industrial Firms Measurement and Ownership Implications" [J], *China Economic Review*, 2002, 13: 65—88.